LAS 7 CLAVES PARA SOBREVIVIR A TU DIVORCIO (Y A TU EXMUJER)

Arturo García Sastre
@warrior.lifehacking

Las 7 CLAVES para SOBREVIVIR a tu DIVORCIO (y a tu exmujer)

Primera edición: noviembre, 2024

Arcopress • Desarrollo personal
Dirección editorial: Pilar Pimentel
Edición: Rebeca Rueda
Diseño y maquetación: Fernando de Miguel

www.editorialalmuzara.com
pedidos@almuzaralibros.com - info@almuzaralibros.com

Editorial Almuzara S. L.
Parque Logístico de Córdoba. Ctra. Palma del Río, km 4
C/8, Nave L2, nº 3. 14005 - Córdoba

Imprime: Gráficas La Paz
ISBN: 978-84-10354-22-7
Depósito Legal: CO-1784-2024
Hecho e impreso en España - *Made and printed in Spain*

Índice

Prólogo

Este no es otro puto libro de autoayuda.

Sí, ya sé lo que estás pensando: eso es lo que diría el autor de un libro de autoayuda. Pero hay varias diferencias importantes entre el manuscrito que tienes en tus manos y un ejemplar de autoayuda al uso:

En primer lugar, esto es un manual, lo que significa que este libro ofrece soluciones concretas a problemas concretos. Todas las partes teóricas que se aportan se corresponden con conceptos y dinámicas que debes comprender y aplicar para superar tu divorcio. Puedes leer este libro del tirón o ir saltando de capítulo en capítulo, según los temas que más te interesen.

Y en segundo lugar, a diferencia de los autores habituales de este género, no soy ningún puto gurú. Estos gurús suelen entrar en una de estas dos clasificaciones:

Personas que, aun careciendo de conocimiento técnico, han pasado por *x* procesos y suponen que su manera de hacer las cosas es la única válida, simplemente porque a ellos les ha funcionado. Si han triunfado por casualidad, o por cualquier otro motivo, jamás lo sabrás, pero ellos te venden su método como si fuera lo único que te va a funcionar (sin base alguna para afirmar esto). Estos son los llamados «mentores».

Personas que tienen un buen conocimiento técnico pero que no han vivido lo suficiente. Teorizan desde su torre de marfil y te recomiendan acciones y «hábitos» que ellos nunca aplicarían, pero, ojo, con todo el soporte de evidencia científica disponible. A estos se los conoce como «académicos».

Yo, por el contrario, solo soy un tipo que sabe de lo que habla. Dirijo un gabinete psicológico especialista en rupturas y me he encargado personalmente de sacar del agujero a cientos de divorciados durante años. En ese tiempo, he visto de todo, incluso cosas que no creerías, y en este libro te cuento algunas de ellas, respetando, por supuesto, la confidencialidad de los protagonistas.

Este libro te será útil tanto si estás actualmente superando un proceso de divorcio, o cualquier otro tipo de ruptura, como si quieres aprender más sobre cómo funcionamos los hombres en este tipo de situaciones. Al fin y al cabo, y como siempre digo, el hombre inteligente aprende de sus errores, mientras que el sabio aprende de los errores de los demás.

Antes de arrancar, un último aviso: no voy a decirte cosas bonitas, no voy a contarte lo que quieres oír, pero te voy a ayudar. No te va a gustar, pero merecerá la pena.

Sin más rodeos, empezamos.

1.
Las reglas del juego

«El problema no es el problema,
es tu actitud frente al problema».
Jack Sparrow

Bien, empecemos por el principio.

Una vez, un cliente me preguntó por qué, dentro del vasto campo que es la psicología, decidí especializarme particularmente en los divorcios. Son procesos muy complejos y además, como terapeuta, particularmente duros, ya que, al fin y al cabo, estás acompañando al cliente a lo largo de una de las catástrofes más dolorosas de la vida. Supongo que me preguntaba por eso, porque, como psicólogo, es fácil especializarte en otro tipo de casos, menos... turbulentos, por decirlo de alguna manera.

Hay dos respuestas para esa pregunta. La primera es que, como hijo de padres separados, conozco bien el profundo dolor que supone la ruptura de un matrimonio de larga duración, y lo importante que es tener una red sólida de apoyos para no perder el norte y terminar haciendo tonterías. Pude ver muy de cerca el sufrimiento de mis padres y cómo se deterioraban a lo largo del proceso. Por si me preguntas, después de todos estos años, ya están bien, pero no puedo evitar pensar que, si hubieran contado con un apoyo psicológico más sólido, tal vez el proceso de superación hubiera sido más rápido o más limpio.

La segunda respuesta es que, como cualquier profesional, tenía que buscar un campo que fuera lo suficientemente grande para darme de comer muchos años. Y buscando información para ver en qué debía especializarme, encontré un dato acojonante.

Tú, que me estás leyendo, ¿sabes cuántas parejas se divorcian al año en España? Seguramente, el número bruto no te diga mucho, así que te voy a dar el porcentaje: el 60 % de los matrimonios terminan poniendo pies en polvorosa, en direcciones opuestas. Sí, es una barbaridad. Para que te hagas una idea, somos el segundo país de la Unión Europea con más divorcios, siguiendo muy de cerca a Portugal, que es el único que nos supera en este sentido. Manda huevos que lo único en lo que estemos por delante en la UE sea en esto.

En cualquier caso, los desamores están a la orden del día. Independientemente de la proporción exacta, la mayoría de parejas terminan fracasando, y esto es así a lo largo de todo el globo. ¿Por qué fracasan las relaciones? ¿Por qué algo tan importante como el amor se rompe o se termina? Vamos ahora mismo con eso.

El problema del desconocimiento

Vamos a jugar a un juego sencillo. Voy a hacerte una pregunta, y solo vas a tener tres minutos para responderla. Esta respuesta tiene que venir con el mayor número de detalles, de la forma más precisa posible, y ya, si puedes, de una manera fácil de entender. Cronométrate y no hagas trampas.

Pero no te preocupes, voy a ponértelo fácil: para enmarcar tu respuesta y que no se te vaya demasiado el santo al cielo respondiendo, te voy a dejar varias líneas a continuación para que puedas escribirla, en el mismo libro.

Vamos a ello. Aquí viene la pregunta: ¿qué es el amor?

El amor es: ....

....

....

Bueno, conseguido, ¿no?

¿Te sientes cómodo con la respuesta? ¿Piensas que has incluido todos los detalles que te habría gustado? ¿Has valorado si tu respuesta contempla las diferencias entre el amor de pareja (que es sobre lo que estamos hablando aquí) y el amor hacia tus amigos, tu familia o tus mascotas? En definitiva, ¿piensas que esta es una respuesta verdaderamente completa?

En toda mi experiencia como psicólogo de relaciones, nunca esta pregunta ha dejado indiferente a nadie. Cuando se la planteo a mis clientes, abren mucho los ojos y me miran con cara de «Arturo, qué coño se supone que tengo que responder». Cuando les hago esta pregunta a mis amigos (sí, soy esa clase de amigo), les revienta la cabeza y, salvo que estemos todos en modo filosófico, cambian de tema rápidamente.

Este es el primer problema de las relaciones de pareja: no sabemos exactamente qué es el amor. Es realmente impresionante que uno de los mecanismos más importantes de la mente humana, que tantas páginas de libros ha llenado, tanto metraje de películas ha ocupado y, en general, que ha cautivado las mentes de poetas, literatos y otros pensadores, sea algo tan difuso y tan difícil de definir y acotar de una forma concreta.

Para que te hagas una idea, aún existe discusión incluso dentro del propio campo de la psicología sobre qué es el amor exactamente y cómo funciona. Y ya no te quiero ni contar el debate que se genera si le preguntas al sector más progresista del pensamiento sobre las relaciones abiertas, el poliamor y demás inventos posmodernos. Muy complicado todo.

Si lo piensas bien, lo realmente curioso es que, a pesar de toda la diversidad de ideas y perspectivas acerca del amor, todas las personas lo practicamos de una forma más o menos parecida. Pero, claro, ¿qué es lo que pasa? Que igual que el diablo está en los detalles, el truco está en ese «más o menos». En ese margen de error es en el que residen todos los desajustes, todas las pequeñas chinas en el zapato que se acaban convirtiendo en las rocas que terminan destrozando las relaciones.

Esto es muy sencillo. Imagínate que tienes que construir una casa. Sí, tú solo, con tus propias manos, y lo que es más importante: con tus propios conocimientos. ¿Qué tal te iría? Bueno, hay cosas que probablemente, o sabrías hacer, o podrías intuir con mayor o menor acierto cómo funcionan, para poder replicarlas. Pero lo que es seguro es que habría una cantidad absurdamente elevada de aspectos relativos a la construcción de casas que se te escaparían: ¿cómo se construye una ventana?, o ¿cómo y dónde se levantan exactamente los cimientos de una casa? Ni la menor idea.

Ahora imagínate que no solo ignoras una cantidad inmensa de aspectos importantes a considerar en la construcción de casas, sino que, además, no eres consciente de la cantidad de cosas que desconoces al respecto. Así que, claro, construyes tu casa, independientemente de si lo que estás haciendo sale bien o sale mal. Naturalmente, lo más probable es que la casa se vaya a tomar por saco más pronto que tarde.

Con el amor pasa un poco lo mismo. ¿Se termina el amor en algún momento? ¿Se rompe de tanto usarlo? Son buenas preguntas, aunque difíciles de responder; pero lo que sí es fácil de concluir es que es prácticamente imposible que un matrimonio cumpla su función «para toda la vida» si las dos personas no tienen la misma idea sobre qué es el amor y cuáles son los componentes más importantes del mismo.

Llegados a este punto, es importante aclarar cómo pelotas construimos las personas nuestra idea del amor. ¿Qué es lo que hace que tengamos conceptos más diferentes o más parecidos acerca de en qué consiste exactamente? La respuesta es doble.

En primer lugar, las personas desarrollamos nuestra idea del amor en función de la relación que tienen nuestros padres. Ellos suponen nuestro modelo a seguir en lo que respecta a relaciones de pareja, y el tipo de vínculo que compartan tendrá una influencia relativamente poderosa en lo que nosotros consideremos aceptable o no aceptable en nuestra vida; pero de esto hablaremos más adelante.

Vamos ahora con el factor más definitorio que hará que conceptualicemos el amor de una manera o de otra: lo que se conoce como «introyección de los valores sociales». Sí, te puede sonar a chino, pero abre los oídos, que esto te interesa.

¿Por qué las personas, cuando enviamos cartas, lo hacemos a través de Correos y no de palomas mensajeras? La respuesta te parecerá obvia, pero ten en cuenta que, aunque se supone que la existencia de una empresa que regula los envíos, no solo de misivas personales, sino de documentación oficial, optimiza todos los procesos, la realidad es que, si pudiéramos enviar nuestros comunicados escritos mediante un pájaro que simplemente fuera volando a su objetivo, las cartas llegarían mucho antes.

Como es obvio, en el cómputo total de velocidad de llegada de las misivas, seguridad de entrega de los paquetes y simplificación para los usuarios, el correo postal tal como lo utilizamos a día de hoy es el mejor sistema que se conoce, pero ¿te paras realmente a pensar en esto cada vez que tienes que enviar alguna carta o documento oficial?

Evidentemente, no. Lo haces porque «es lo que se hace». Es lo que hace todo el mundo, lo que hacían tus padres antes que tú. Y si actúas de otro modo, la gente seguramente te mirará raro. Así, actúas de esta determinada manera no porque hayas llegado conscientemente a la conclusión de que esa es la mejor opción, sino porque esta es la forma en la que la sociedad te ha hecho pensar. Has «introyectado» socialmente la idea del envío de información escrita.

Enviar cartas es un proceso sencillo. Hay razones objetivas y concretas para hacerlo de la manera en la que se hace actualmente, y por eso el concepto que tienen todas las personas sobre el envío de misivas es el mismo. Pero con las ideas abstractas, como en el caso de los sentimientos, es distinto. Así que cabe preguntarse cómo funciona exactamente la introyección social de la idea del amor.

Cada película romántica, cada novela, cada serie, cada historia que escuchamos en nuestro círculo cercano, todos estos factores generan un corpus teórico espontáneo que va dando forma a la idea que tienes del amor y, por lo tanto, a tu forma de vivirlo y practicarlo.

Este no es un mecanismo necesariamente negativo en sí mismo, pero, tal y como nuestra sociedad funciona, termina materializándose de una forma realmente perversa. Porque ¿cuál es la visión sobre el amor que más triunfa, socialmente hablando? La respuesta, desgraciadamente, es sencilla: una visión infantil —adolescente en el mejor de los casos— y polarizada hacia el drama.

¿Cuántas novelas, películas o series puedes encontrar sobre matrimonios exitosos y relaciones de pareja felices? Muy pocas. En cambio, ¿cuántos dramones, cuántos relatos sobre infidelidades y otras traiciones amorosas, cuántas historias de enredos en las que las personas tienen que soportar verdaderas penalidades para llegar a un «amor verdadero» conoces?

Si escuchas las letras de las canciones más populares, te darás cuenta de que todas hablan sobre grandes dramas románticos y, lo que es peor, de modelos muy tóxicos de relaciones, «sobreidentificando» el amor con los componentes más sexuales de las relaciones y poco con los intelectuales o emocionales, etc.

Y yo lo entiendo: hay que vender. A nivel de *marketing*, tienen más chicha las canciones dramáticas, los culebrones y, en general, las historias truculentas que aquellas que aportan un mensaje más positivo. Pero el problema es que las personas se acostumbran a recibir constantemente el mensaje de que el amor debe ser complicado para ser interesante, o que consiste en engañar, o que es algo que aparece de forma espontánea y sin ningún trabajo (y desaparece de la misma manera), entre otros muchos mensajes tóxicos acerca del amor.

Solo a través de una comprensión profunda y deliberada de la idea del amor es como podemos evitar que estas concepciones sociales y desajustadas condicionen de una forma tan negativa nuestra forma de ver las relaciones. Pero claro... ¿quién se para a pensar sobre qué es el amor? Pues, a partir de ahora, tú.

¿Cómo se supera un divorcio?

Ahora sí, esta es la pregunta del millón de dólares. Puedes preguntar a cien personas cómo hacer esto y recibirás cien respuestas distintas. Porque, cuando pides consejo a alguien sobre cómo hacer algo tan relevante, pero también tan vitalmente complejo, como superar una ruptura, la persona lo que te transmitirá es qué es lo que le ha funcionado. A lo mejor alguien se dedicó a encerrarse en el gimnasio 24/7 y le fue bien. Quizá otro se dio a las series y a llorar en el sofá durante seis meses hasta que se le secaron las lágrimas y pudo continuar. En cualquier caso, esto no significa que ninguna de estas dos «técnicas» sean ni de lejos lo más recomendable en este tipo de casos.

Precisamente por eso, a continuación, vamos a detallar el proceso que he seguido con cientos de clientes a lo largo de años de profesión. Es un método probado por la ciencia, es replicable, y si a ellos les ha funcionado, y les sigue funcionando, no vas a ser tú el único marciano al que no le funcione. ¡Ojo!, esto no quiere decir que ir mucho al gimnasio sea negativo a la hora de superar un divorcio, o que no sea necesario tirarte en el sofá a echarte una lloradita de vez en cuando (sobre todo, en procesos más complicados), pero lo que sí significa es que seguir un método probado es la mejor manera de superar este trance de la forma más elegante posible.

Lo primero, un poco de biología.

Aunque técnicamente las personas también somos animales, hay una serie de diferencias importantes entre el *Homo sapiens* y el resto de seres. Y una de ellas es la que nos va a ocupar principalmente: los humanos somos seres narrativos.

¿A qué me refiero con esto? Muy sencillo: ¿has visto alguna vez a una ardilla, o a cualquier otro animal, escribir un libro? Evidentemente, no. Y esto no es solamente por el hecho de que no tienen pulgares oponibles ni saben escribir con un ordenador, sino por algo mucho más importante que eso: no son conscientes de sí mismos.

El *Homo sapiens* es el único animal que es consciente de su propia existencia como elemento individual dentro del mundo. Todos somos diferentes, pensamos cada uno a nuestra manera y pasamos por experiencias vitales distintas.

A todo esto le sumamos otra diferencia fundamental, y es que la cantidad de instintos programados en los humanos es muchísimo menor que en el resto de animales. La mayoría de comportamientos de un pájaro, de un lobo o incluso de un mono están dictados por un instinto común a todos los individuos de su especie. Pueden ser programados por encima de ese instinto hasta cierto punto (con la insistencia suficiente, a lo mejor puedes enseñar a un chimpancé a usar el váter), pero, en todo caso, el margen de cambio con respecto a sus comportamientos naturales es pequeño.

En cambio, los humanos tenemos solo unos pocos instintos, y el resto de nuestra mente se reserva a nueva información a programar. Por eso podemos aprender, generar un lenguaje, una cultura y un montón de cosas interesantes sobre las que se podría escribir otro libro; pero por ahora vamos a intentar no desviarnos demasiado del tema.

Es precisamente la combinación de nuestra consciencia de nosotros mismos, sumada a nuestra mente hambrienta de generar aprendizajes, la que nos lleva a interpretar la realidad de unas maneras u otras, y así volvemos a lo que comentaba antes: los humanos somos seres narrativos. Las distintas vivencias por las que pasamos dejan una huella en nosotros y, en función de nuestros conocimientos previos, impulsos y forma de ser, interpretamos lo que nos ha sucedido, generando historias con un significado.

¿Por qué el significado es tan importante? Según la Enciclopedia Británica, el cerebro recibe unos once millones de bits por segundo. ¿Te das cuenta de la cantidad brutal de información que eso supone? Evidentemente, el cerebro no procesa de forma consciente todos esos datos (reventaría, probablemente), pero aun así sigue siendo una cantidad salvaje de información. ¿Qué hace el cerebro con todos esos *inputs* para poder procesarlos mejor? «Paquetizarlos». Y esos paquetes, amigo, esos paquetes son el significado.

Imagina que estás en un bar una noche de jueves, echándote la última birra antes de volverte a casa. El local está prácticamente desierto y la camarera se porta de manera sospechosamente amable contigo. Te hace bromas, hay mucho contacto visual, se ríe mucho y se toca el pelo mientras habláis. Huele sorprendentemente bien, y la verdad es que no te importaría llevártela a casa esta noche (o meterte en la suya). ¿Flirtea contigo porque realmente le gustas, o porque parece que tienes dinero y podrías seguir consumiendo alguna bebida más cara? ¿Está intentando ligar contigo acaso, o simplemente se está portando de forma agradable? Tú decides cuál de estas respuestas es la que asumes como correcta y, por lo tanto, como el significado de la interacción que has tenido con esta chica.

Las personas no necesitamos darle un significado concreto a literalmente todas las cosas que nos pasan, y por eso hay información que simplemente se queda sin significar en algún lugar de tu cabeza hasta que el cerebro termina desechándola. Generalmente, estas son las cosas a las que tampoco les prestas demasiada atención, porque no son importantes para ti.

Pero, ah, las cosas que nos importan. A esas sí que tenemos que darles sentido, porque hacen un ruido especial en la cabeza hasta que atamos todos los cabos. Si tu mejor amigo se muestra particularmente esquivo y tiene malas contestaciones contigo, necesitas saber qué es lo que está ocurriendo. No solo porque, en el caso de que esté enfadado, esa explicación te permitirá poner de tu parte para que eso no vuelva a suceder, sino que además podrás unir todos los puntos y quedarte tranquilo sabiendo exactamente qué es lo que ha pasado ahí.

¿Y qué es lo que sucede cuando no puedes dar sentido a un acontecimiento que sí ha sido importante para ti?

Hace muchos años, estando con mi primera novia, que era una chica particularmente «pureta del cine», nos pusimos una película de cine español de autor que estaba de moda por aquel entonces. Durante hora y media/dos horas tuve que ser testigo de un despropósito de película que no tenía ni pies ni cabeza. Al terminar, aparte de sentirme profundamente aliviado, me quedó la sensación de que el autor me había intentado decir algo, pero no estaba seguro del qué. Me enfadé mucho por haber perdido ese tiempo tan valioso de mi vida en ver semejante basura y, durante semanas, e incluso meses, me seguí acordando del bodrio de película que había visto. Después de tantos años, aún me acuerdo, así que te puedes imaginar…

Cuando no somos capaces de dar un significado a eventos importantes o desafortunados de nuestra vida, ahí es donde aparece el sufrimiento. Porque, de alguna manera, el significado es la moneda de cambio de nuestro cerebro en pago del dolor; al fin y al cabo, es la recompensa a todo lo malo que hemos vivido. Las situaciones negativas son desagradables, pero, si somos capaces de reconsiderarlas de una forma constructiva, podremos aprender de nuestros errores para no volver a cometerlos en un futuro. De esa manera, las vivencias negativas pasan de ser castigos a ser aprendizajes; el dolor adquiere un cierto significado y, aunque lo sucedido nos duela, deja de ser un dolor agudo para convertirse primero en un dolor sordo que se va apagando hasta convertirse en una suave cicatriz en algún pliegue de tu mente.

Así, la no superación de un divorcio tiene que ver con una no comprensión de todo lo que ha sucedido. Cuando, después de una relación de tantos años, con tanto esfuerzo invertido, con una casa en común y quizá niños, pierdes de repente a tu pareja, eres como la versión más antigua de mí mismo que se preguntaba qué cojones acababa de ver en el cine.

El problema a la hora de comprender este tipo de rupturas es que los divorcios son procesos extremadamente complejos. No solo por la dureza de lo que tienes que hacer y todo a lo que debes renunciar, sino por la longitud del plazo en el que todos los sucesos ocurren. Una ruptura de un noviazgo puede suceder en literalmente dos semanas, sin ningún problema. Un divorcio se puede estar gestando durante años, y así suele ser, particularmente en los matrimonios más largos. En una pareja que lleva veinticinco años juntos, es raro que un suceso repentino pueda separarlos, así que lo que suele pasar más bien es que hay una serie de factores recurrentes a lo largo de los años que van erosionando la convivencia hasta que la relación termina finalmente destruida.

La comprensión profunda lo que nos permite es juntar todas las piezas de este complejo puzle, cada fricción y cada agravio, para poder dar forma a una imagen que tenga sentido y explique por qué la relación tuvo que terminar, más allá de razones superficiales. Solo teniendo esta imagen, puedes cerrar este capítulo y así poder seguir avanzando con tu vida.

¿Por qué se separan las parejas? Los tres cerebros

Para ayudarte en tu proceso de comprensión, vamos a enumerar a continuación los distintos tipos de rupturas que existen. Porque, sí, hay aproximadamente tropecientos mil motivos concretos por los que te puedes separar de alguien; pero todos ellos se pueden resumir en las categorías que vamos a tratar en este capítulo.

Factorizar y categorizar el tipo de ruptura que estás viviendo te ayudará a generar una estructura alrededor de todo lo que te está pasando y a entender bien todos los patrones. No es lo mismo decir «Mi pareja y yo hemos roto porque ella me puso los cuernos» (nivel bajo de comprensión de la ruptura y poco entendimiento de los patrones) que «Mi pareja me puso los cuernos porque teníamos concepciones diferentes de la vida que nos llevaron a alejarnos cada vez más, y ahí poco a poco nos fuimos descolgando el uno del otro hasta que la relación se rompió» (nivel mayor de comprensión de los factores en juego).

Para ser exactos, hay tres grandes categorías en las que podemos clasificar cualquier ruptura. Estas tres categorías no son excluyentes, es decir, que puede darse una ruptura de varias categorías simultáneamente. Cada una de estas tres categorías se corresponde con uno de los «tres cerebros» del individuo. Sí, has oído bien: tres.

Las personas piensan que solo poseemos un cerebro, el que tenemos dentro de esa cabeza que reposa sobre los hombros; pero eso, aunque es cierto a nivel biológico, constituye un error a nivel psicológico. ¿Nunca le has dicho a nadie que «siga su corazón»? ¿No te ha pasado nunca que has «pensado con la polla»? A eso es a lo que me refiero: aunque la persona tiene un solo cerebro biológicamente hablando, podemos decir que tiene tres grandes núcleos que organizan su conducta. Estos son el cerebro en sí, el corazón y el sexo.

El cerebro es el núcleo organizador cognitivo, lo que podríamos llamar el «cerebro racional» o «cerebro superior». El cerebro superior es el encargado de tomar las decisiones racionales, siendo el anfitrión de todo lo que es racional o tiene que ver con el pensamiento: tus ideas, tus planes de vida, tus valores e incluso tu orientación política dependen del cerebro superior. Las personas que tienen un cerebro racional particularmente preponderante tienden a pararse a pensar bien las cosas antes de hacerlas y a tomar las decisiones basándose principalmente en información objetiva; por lo tanto, suelen ser más cuadriculadas en general. Comúnmente, los ingenieros, abogados e investigadores universitarios forman parte de este colectivo con un cerebro racional dominante.

El corazón es el núcleo organizador emocional y conforma lo que llamamos el «cerebro medio». Este núcleo es el encargado de sentir las emociones, de procesar (y ejecutar) los impulsos afectivos y de tomar las decisiones emocionales. El cerebro medio regula si eres cariñoso y cuánto lo eres, cómo demuestras tú el amor y cuánta medida de atención de tu contraparte necesitarías para sentirte cómodo en una relación, ya sea de pareja, de amistad o de cualquier otro tipo. Las personas cuyo cerebro fundamental es el emocional suelen ser más bien sentimentales y tienden a guiarse por lo que sienten más que por lo que piensan, lo cual hace que sean muy buenas para cuidar a los demás, pero menos estables que aquellas con una preponderancia cerebral cognitiva. Los psicólogos, los maestros y los comerciales suelen ser personas con una preponderancia notable de este núcleo.

Y por último, el sexo es el núcleo organizador impulsivo, lo que llamamos el «cerebro inferior». Este es el núcleo que regula el deseo sexual, cuánto te gusta la cama y qué te gusta hacer en ella, además del resto de impulsos e instintos más básicos. Las personas cuyo núcleo principal es el cerebro inferior tienden a guiarse por las impresiones e instintos que tienen en cada momento. Son impulsivas y viscerales, lo cual las hace interesantes por lo espontáneas que son, pero también complicadas en ocasiones por dicha impulsividad. Aquellos con un centro potente en este cerebro suelen ser buenos hombres de acción, acostumbrados a tomar decisiones rápidamente y sin darle demasiadas vueltas a la cuestión, como, por ejemplo, bomberos, policías o miembros de las fuerzas especiales del Ejército.

Así pues, estos son, caballeros, los tres núcleos organizadores de la conducta humana, y los tres tipos principales de rupturas se organizan alrededor de estos tres cerebros.

Ruptura por incompatibilidad intelectual

Todos tenemos el típico amigo que está en una relación con una persona de un signo político contrario, o que es vegetariana, siendo él muy carnívoro. En este tipo de parejas, estas diferencias se convierten en el gran elefante en la habitación, y ante la complejidad de tratar estas posiciones ideológicas tan contrarias la una de la otra se opta por, sencillamente, no hablar del tema.

¿Supone esta una mala decisión? Para nada; de hecho, generalmente suele ser la única opción posible, teniendo en cuenta que, por una parte, las personas rara vez cambian de opinión en base a *inputs* externos y, por otra, generalmente, este tipo de conversaciones a lo que suelen llevar, más que a acercamientos conceptuales, es a discusiones que no tienen resolución posible.

Ahora bien, esta clase de parejas solo funcionan en el corto y a veces en el medio plazo, ya que en ambos casos las conexiones más importantes entre los dos suelen ser la emocional y la sexual, quedando la intelectual en un plano más secundario. Es en el largo plazo cuando el factor de la atracción sexual y emocional empieza a perder fuerza, cuando la conexión intelectual entra en juego, y es en ese momento en el que las cosas se empiezan a complicar para este tipo de parejas.

Todos sabemos que la atracción sexual y la emocional duran un tiempo limitado, pero ¿por qué es tan importante esta conexión intelectual y cómo mantiene unidas a las parejas?

Llegados a este punto, me va a tocar explicarte dos conceptos psicológicos importantísimos para entender no solo la conexión intelectual, sino la mecánica más básica de las relaciones sociales. El primer concepto es el principio de similaridad.

El principio de similaridad es un principio psicológico que afirma que las personas con las que mejor nos llevamos y que mejores nos parecen son aquellas a las que más nos parecemos, en todos los sentidos. Esto es porque, al recordarnos a nosotros mismos, inconscientemente vemos en ellos aliados potenciales. Los hombres con pelo largo se llevan bien entre ellos porque suelen ser roqueros o metaleros. Los ingenieros se hacen amigos de otros ingenieros, y los abogados se entienden bien entre sí; todo ello, por el principio de similaridad.

Y si bien esta similaridad es lo que une a las personas, lo que nos mantiene unidos es el segundo concepto que quería explicarte, el de los códigos compartidos.

Los códigos compartidos son aquellos conceptos, personajes e imágenes culturales que dos personas entienden de la misma forma, por tener un *background* cultural compartido. Estos códigos suponen una vía fundamental de conexión tanto para la formación de las amistades como especialmente para su mantenimiento a lo largo del tiempo.

¿Ejemplos de códigos compartidos? Todo futbolero sabe a lo que me refiero cuando hablo del «Madrid de los Galácticos»; todos los nacidos en los años 90 saben qué son los Pokémon, y todos los culturetas del cine saben quién es Almodóvar. Estos son códigos compartidos entre grupos de personas que son, aunque de distintas maneras, similares entre sí.

A lo largo de la vida de una relación (ya sea de amistad o de pareja) hay una serie de interacciones en las que las dos personas intercambian opiniones acerca de distintos temas. Cuando las dos personas coinciden en sus posturas o tienen alguna diferencia de opinión, pero esta es abordada de forma constructiva, llegándose a algún tipo de acuerdo, la interacción se considera satisfactoria: ambos muestran emociones positivas, se reafirma la similaridad entre ambos y la conexión intelectual entre las dos personas se fortalece.

Vamos a hacer un ejercicio para entender este concepto en profundidad. A continuación, haz un análisis de tus dos mejores amigos, que incluya los siguientes apartados: edad, profesión y gustos. Luego, compara esta información con tu edad, tu profesión y tus gustos, para extraer vuestros códigos compartidos.

Amigo 1

Edad:

Profesión:

Gustos:

Amigo 2

Edad:

Profesión:

Gustos:

Tú

Edad:

Profesión:

Gustos:

Si has hecho el ejercicio, lo estarás viendo claro: nos agrupamos alrededor de las personas que son parecidas a nosotros y, particularmente, estrechamos vínculos con aquellos con los que tenemos una mayor cantidad de códigos compartidos. Muy probablemente, tus amigos más cercanos desempeñan profesiones similares a la tuya, tenéis *hobbies* semejantes y sois, más o menos, de la misma edad. Seguramente, vuestras posturas políticas son afines, así como vuestro nivel de estudios: puede haber diferencias pequeñas, pero el esquema cultural de tus mejores amigos y el tuyo, normalmente, será muy parecido. Al final, en esto consiste la amistad (y el amor): personas que ven el mundo bajo prismas similares, se divierten de formas parecidas y suelen detestar las mismas cosas y a la misma gente.

Explicado esto, es fácil intuir por qué una relación se puede romper fácilmente si no existe una buena conexión intelectual. Cuando en un intercambio de opiniones entre las dos personas hay un desfase demasiado marcado entre la postura de uno y la de la otra, se produce una desconexión entre los dos. No hay nada de malo en no conectar literalmente en todo con nuestras relaciones, pero es cierto que, cuando valoramos a la persona como muy importante para nosotros, la sensación de la desconexión puede llegar a ser desconcertante y muy desagradable.

Una sola desconexión intelectual no rompe una pareja. Ni dos, ni tres. Pero el matrimonio es un juego de muy largo plazo, en el que es tremendamente fácil que un movimiento desafortunado que hicieras al principio del juego venga a pasarte factura muchas jugadas más tarde, cuando no solo es tarde para enmendar el error, sino cuando además has estado construyendo en la dirección equivocada durante mucho tiempo.

A lo que quiero llegar es a que las desconexiones intelectuales, acumuladas durante el tiempo suficiente, lo que generan es un sentimiento de frustración en la pareja que se acaba cronificando, muchas veces, hasta que ya no hay vuelta atrás. Puedes estar casado con una mujer objetivamente maravillosa, pero con la que no hay manera de entenderte porque a nivel conceptual estáis demasiado lejos el uno de la otra.

Dentro de esta misma categoría entrarían las rupturas por distintos objetivos vitales o perspectivas de la vida; por ejemplo, si una de las dos partes de la pareja quiere hijos y la otra, en cambio, no. En este tipo de casos, no se trata solamente de una diferencia importante a nivel intelectual y de forma de ver la vida (ya que, normalmente, los esquemas mentales de alguien que está seguro de que no quiere tener hijos son muy diferentes de los que tiene alguien que está seguro de que sí quiere tenerlos), sino de una diferencia absoluta de inversión del tiempo y los recursos de cada una de las partes de la pareja.

Alguien que está seguro de que quiere tener hijos preferirá casas más espaciosas, necesitará coches más grandes y le convendrá vivir en barrios más residenciales y con una mayor seguridad, mientras que alguien que sepa que no quiere tenerlos no ha de preocuparse demasiado por ninguno de estos factores, lo que genera una diferencia de prioridades muy importante en los miembros de la pareja que termina degenerando en…, efectivamente, desconexiones intelectuales.

Lo mismo se puede aplicar a los casos en los que uno quiere vivir en el campo y el otro en la ciudad, o uno quiere vivir en España y otro no, y, en general, a todas aquellas parejas en las que las prioridades de vida de los dos sean antagónicas, ya que, por mucho que ambas personas se gusten y por mucho que en la cama se lo pasen de puta madre, las diferencias conceptuales entre uno y otro terminan empujándolos, antes o después, a terminar rompiendo.

Pero, vamos a ver, si esto de la conexión intelectual es tan importante, entonces ¿por qué coño falla tanto en las relaciones? ¿Por qué es tan habitual elegir tan mal a nuestra compañera para una relación de largo plazo? Bueno, respóndeme tú: ¿cómo empiezan normalmente las relaciones? ¿Pensaste en esto cuando empezabas con tu ex?

Salvo honrosas excepciones, los cimientos de las relaciones se construyen de la siguiente manera:

Conoces a una mujer que te gusta y a la que consideras atractiva en varios aspectos. Como, en un principio, no estás pensando en cerrarte a tener una pareja como tal con ella, tampoco te preocupas demasiado por más cosas que no sean pasarlo bien juntos, tener sexo y todo lo demás que caracteriza a esa etapa tan desenfadada de la relación.

Esta primera época puede durar uno, dos o tres meses; normalmente, no se extiende mucho más. A partir de aquí, uno de los dos (generalmente, la mujer) le hace al otro la mítica pregunta: «¿Qué somos?». También valen otras opciones como «¿Qué sientes por mí?», o «¿Hacia dónde vamos?». Y ahí es donde el juego cambia: ella te está pidiendo formalizar la relación de una forma u otra.

Aunque hayas tenido tiempo para pensar a dónde quieres ir realmente con esta mujer, es probable que no le hayas dedicado muchas cábalas al tema, por lo que te quedan apenas unas fracciones de segundo para ponerlo todo en la balanza y dar una respuesta rápida. Y, amigo, siento decirte que las decisiones precipitadas no suelen ser las mejores.

Con tan poco margen para decidir (teniendo en cuenta que dudar en un contexto como este es el equivalente a cortar de inmediato la relación), generalmente le dirás que sí, que formalizáis la relación, y tirarás para adelante sin darle más vueltas al asunto. Al fin y al cabo, siempre tienes tiempo para echarte atrás, ¿verdad?

Puede que, una vez que hayas leído esto, te hayas sentido sorprendido, avergonzado e incluso un poco escandalizado: ¿cómo puede ser que una decisión tan importante se nos pase por alto sin realmente reflexionarla?

Pues, a partir de aquí, solo mejora, compañero: el resto de avances en la relación se hacen sin demasiada reflexión tampoco. Igual que las leyes de la física dictan que un cuerpo que se mueve por un espacio sin fricciones continúa avanzando sin modificar su trayectoria ni su velocidad, la relación continúa por defecto también, a menos que le quieras poner freno de forma explícita o se te cruce alguna «fricción» por el camino...

Acabas conociendo a sus padres, ella conoce a los tuyos y os vais a vivir juntos porque económicamente tiene sentido, y así lo tenéis más fácil para pasar tiempo el uno con la otra. Os casáis porque, bueno..., en fin, casarse es lo que hay que hacer (ten en cuenta además las ventajas fiscales o los quince días de vacaciones), y acabáis teniendo hijos porque es el instinto animal natural y el siguiente paso lógico en la relación.

El problema no es dar estos pasos en sí. Casarse es estupendo, y tener hijos, aparte de ser la mecánica fundamental para la supervivencia de nuestra especie, es una gran experiencia de desarrollo personal para todo hombre. El problema es casarte con quien no toca o tener hijos con quien no deberías.

Nadie nos enseña a amar ni qué se supone que podemos esperar de una relación de largo plazo; por eso, desafortunadamente, el primer matrimonio suele salir mal. Pero dentro de esta gran putada existe una gran esperanza también: aprovechar todo lo que te ha pasado como un aprendizaje para, en primer lugar, aprender a ser feliz por tu cuenta y, en segundo lugar, para que, cuando algún día te apetezca volver a enlazarte con otra mujer, puedas evitar los errores que cometiste en la primera ocasión.

Ruptura por incompatibilidad emocional

Hay veces en las que tienes que dejar a una mujer a la que sigues queriendo. Quien ha tenido que pasar por este proceso sabe que es una de las condiciones de ruptura más jodidas, porque, cuando tienes algún «pretexto» para dejar a la otra persona, en el sentido de que ya no la quieres o ha pasado cualquier suceso especialmente grave o complicado entre vosotros, es más sencillo agarrarse a eso para poder dejar ir la relación, pero, cuando todavía la quieres, no solo no hay nada a lo que te puedas agarrar, sino que además todo te empuja de vuelta a ella.

Este tipo de rupturas se sienten muchas veces así. Son las típicas en las que quieres estar con esa persona y tienes sentimientos por ella, pero estás tan absolutamente quemado que la cosa no tira ni para adelante ni para atrás. Insistes durante años en mantener una relación en la que no te sientes del todo cómodo hasta que la frustración se vuelve demasiado grande y tienes que pararla de una vez.

Las incompatibilidades emocionales se dan en el momento en el que nuestra manera de expresar o sentir las emociones resulta demasiado diferente, en ocasiones antagónica, como para mantener una relación de pareja. Que todas las personas sentimos de un modo distinto es algo de puro sentido común que no te pillará por sorpresa. Que las personas queremos diferente y que hay esquemas románticos que son más compatibles entre sí que otros es algo que quizá no tuvieras tan claro de antemano.

En el 1992, el teólogo y antropólogo Gary Chapman publicó *Los cinco lenguajes del amor*, una de las obras más influyentes a la hora de entender cuáles son las distintas manifestaciones de este sentimiento. El autor definía lo que él entendía como las cinco categorías en las que las personas nos demostramos y expresamos amor, las cuales serían las siguientes:

— **Contacto físico:** las personas que utilizan este lenguaje del amor gustan de dar abrazos, besos, ir de la mano y hacer el amor con frecuencia. Son personas que buscan tener cercanía física y reafirmar su proximidad con los demás a través de este toque físico. Todo lo que implique expresar nuestro cariño, amor y apoyo a través de un contacto físico directo entraría en esta categoría.

— **Palabras de afirmación:** hay personas que son muy elocuentes en lo que a expresar sus emociones respecta. «Cuánto te quiero» o «Eres la persona más importante para mí» son verbalizaciones típicas de cuánto quieres o cuánto te importa esa persona. Este lenguaje del amor consiste en demostrar a la otra la profundidad de vuestro vínculo de una forma fundamentalmente verbal.

— **Tiempo de calidad:** para las personas que demuestran principalmente este lenguaje, la manera de expresar amor y prioridad consiste en pasar tiempo contigo, haciendo planes de una cierta profundidad. Independientemente de lo ocupados que estén, sacan hueco en la agenda para verte y dedicarte un rato agradable haciendo algo divertido, lo cual supone el núcleo de este lenguaje.

— **Regalos:** aquellos con este lenguaje del amor demuestran su cariño, como habrás podido deducir, haciéndote regalos. Su manera de expresarte lo mucho que les importas sería principalmente a través de obsequios. Este es un lenguaje algo controvertido, ya que hay quien piensa que sería una manera materialista de mostrar el aprecio, pero es importante reseñar que los regalos no tienen por qué ser caros. Lo importante del regalo es mostrar esa conexión a través de un obsequio que puede evocar algo importante para el receptor, independientemente de que sea un anillo de diamantes o un collar de macarrones.

— **Actos de servicio:** las personas que prefieren este lenguaje suelen ser principalmente pragmáticas y, como tal, su manera de mostrarte cariño es, en esencia, haciéndote la vida más fácil. ¿Tienes que ir al médico? Te acompañan para llevarte y traerte en coche. ¿Tienes una presentación complicada para el trabajo mañana? La practican contigo para que te salga perfecta. Puede que no sean las personas más elocuentes o aparentemente cariñosas del mundo, pero en este apoyo encuentran su manera de expresarte cuánto les importas.

Llegados a este punto, es fácil que leas sobre estos cinco lenguajes del amor y digas... «¡Pero si yo los tengo todos!». Y efectivamente, no es que sean categorías excluyentes, lo que suponen son tendencias a expresarse fundamentalmente de una manera o de otra. A lo que me refiero es a que todo el mundo sabe dar besos y todo el mundo sabe también hacer regalos, pero cada persona decide expresar su cariño mayoritariamente de una u otra manera.

Lo interesante de esto es que, generalmente, el lenguaje o los lenguajes del amor que utiliza normalmente una persona para expresar sus sentimientos suelen ser los mismos que prefieren a la hora de recibir amor. Esto es, que puede haber una mujer que te quiera muchísimo, pero, mientras no te lo exprese en el lenguaje en el que estás acostumbrado a recibir este tipo de muestras de cariño, no sentirás esa conexión emocional, y viceversa.

Por mi consulta han pasado cantidades exageradas de hombres que querían a sus mujeres, mucho. Pero... no se lo «demostraban» en la manera en la que ellas lo habrían querido. Es común entre los hombres realizar acciones que den a entender lo que sienten de una forma implícita más que usar manifestaciones directas, que es lo más común entre las mujeres, y ahí tenemos el problema.

Imagínate que tú no eres un hombre tan afectuoso como a tu mujer le gustaría. Le expresas el cariño a tu manera, teniendo detalles con ella, ayudándola con todos sus problemas del día a día y estando siempre ahí, pero como ella prefiera expresar y recibir el amor mediante, por ejemplo, toque físico o palabras de afirmación, estás jodido. Porque, piénsalo, ¿cuál es la solución? ¿Acaso deberías ser más cariñoso? ¿O es que tu mujer debería aprender a valorar lo que haces por ella?

Sería bonito que fuera posible hacer tanto lo uno como lo otro, pero tengo malas noticias: tu lenguaje del amor es el que es. Y sí, puedes esforzarte para «hablar» el lenguaje de tu pareja para tener la gentileza con ella e intentar adaptarte, pero esto solo va a ser una solución temporal. Las personas somos como somos y tenemos las tendencias que tenemos.

Pero, Arturo, ¿significa eso que la gente no puede cambiar?

Quiero que se me entienda: la gente cambia. Todos los días. A veces, aspectos más profundos de su identidad psicológica; a veces, aspectos más superficiales; pero claro que la gente puede cambiar. Ahora bien, el problema, en lo relativo a las parejas, es el siguiente: ¿vas a ser tú el que se convierta en una persona totalmente diferente simplemente para satisfacer a tu pareja? Ya me imaginaba que no.

Pues ella tampoco. Así que ahí lo llevas.

Ya hablaremos más adelante de las estructuras emocionales que se involucran en las relaciones de pareja, pero ten en cuenta algo: detrás del hecho de que te nazca o no darle un beso de buenas noches a tu pareja para expresarle tu cariño, hay mucho mucho más.

Teniendo esto en mente es fácil entender cómo una mujer con la que no te entiendes a nivel sentimental es una pareja con la que tienes los días contados. Y de una manera parecida a como funcionan las rupturas por incompatibilidad intelectual, esta brecha se va haciendo más y más grande a lo largo de los años hasta que rompe la pareja por la mitad y la lleva a su separación.

Ruptura por incompatibilidad sexual

Si bien la primera incompatibilidad comentada es la típica de las rupturas de amores demasiado pasionales, esta última es la que acaba terminando con los amores demasiado «compañeros».

Hay quienes afirman que el amor va mucho más allá de la intimidad sexual, que no todo es sexo. Y, en rasgos generales, tienen razón. Pero lo que estas personas están queriendo decir de forma velada es que la conexión sexual es algo que puede pasar perfectamente a un segundo plano en una relación de pareja sin ningún tipo de problema o consecuencia negativa relevante, y ahí es donde se equivocan. Muy profundamente.

Tengamos en cuenta una cosa: ¿cuál es la finalidad biológica del amor? Pura y llanamente, reproducirse. El enlace romántico que existe entre dos personas, al final, es la manera que tienen nuestros mecanismos naturales de asegurarse de que perpetuamos la especie.

Pero también hay más: tenemos que tener en cuenta que, en especies como la humana, las crías tardan mucho tiempo en ser plenamente funcionales. Por eso, la pareja debe mantenerse unida durante el tiempo suficiente para que todos, o por lo menos la mayoría de los «cachorros», puedan salir adelante, garantizando su máxima autonomía; así que una relación de pareja totalmente funcional en el sentido de su eficacia biológica sería de, aproximadamente, unos veinte años por lo menos.

Llegados a este punto, puedes sentirte algo incómodo con la visión de ti mismo como un animal con instintos ancestrales influyéndote de forma mucho más profunda de lo que te gustaría, lo entiendo perfectamente. Pero, al fin y al cabo, así somos las personas: monos con menos pelo y más ansiedad.

Volviendo al tema que nos ocupa, la conexión sexual o, dicho de otra manera, el apetito que tienes de acostarte con tu mujer, es tan importante en pareja precisamente porque garantiza o, por lo menos, permite una buena eficacia biológica de la unión entre las dos personas. Este magnetismo entre los dos es lo que hace posible que el enlace sea fructífero y se puedan esperar el mayor número de crías de cada pareja.

Tal vez me dirás: «Arturo, pero hay gente que no quiere, o no puede, tener hijos de manera biológica. ¿También a ellos les afecta esta dinámica?».

Por supuesto. Tenemos que entender que ciertas opciones que nos da la sociedad de elegir en este mundo moderno son relativamente recientes. Hasta hace no tanto se miraba muy raro a aquellos que manifestaban no querer tener hijos. ¡Y qué demonios! El divorcio no fue legal por lo menos en España hasta 1981. Muchas de las elecciones que ahora consideramos de lo más normales del mundo en realidad no llevan disponibles ni medio siglo, mientras que los mecanismos que rigen la mente humana llevan operando desde hace millones de años. Así que sí, estas dinámicas ancestrales afectan también a las personas que no quieren hijos.

En definitiva, la conexión sexual es importante para que una relación pueda funcionar en el largo plazo. Y aunque no seamos conscientes de que el motivo es porque nos «permite» de alguna manera mantener sexo las veces «suficientes» como para tener el mayor número de crías posibles, cuando esta conexión no existe, se traduce en malestares grandes e insatisfacciones dentro de la relación.

Hay hombres que se tiran sin follar con su mujer, en contra de su voluntad, meses enteros. No son pocos los que han pasado por mi consulta con este problema. Pensaban que la relación se podía mantener a pesar de la falta de sexo, y tenían voluntad de ello, pero, al final, o él o la mujer cortaban la cuerda, ya fuera por el hastío de una vida sin sexo suficiente o, también frecuentemente, por la aparición de terceras personas.

Ahora bien, ¿qué es lo que rompe la conexión sexual de dos personas? Hay tres razones principalmente:

En primer lugar, tenemos un clásico: los gustos sexuales diferentes. A uno le gusta el sexo oral, mientras que al otro no; uno querría tener intimidad cuatro veces por semana, y al otro le vale con tener uno por semana... La lista es larga.

Pero, Arturo, ¿no son los gustos sexuales algo moldeable? Bueno…, sí y no. Puedes probar alguna práctica nueva de vez en cuando y, a lo mejor, la disfrutas. Pero una cosa es cogerle el gusto a algo que ni te gusta ni te disgusta y otra muy diferente es fomentar tu apetito por una práctica sexual que directamente no quieras realizar (*spoiler*: esto no suele salir bien).

De la misma manera, cambiar los ritmos sexuales es también una tarea ardua que no suele salir bien. Porque no puedes obligar a alguien a tener más sexo contigo si no le apetece tenerlo, y porque las personas más fogosas no pueden simplemente guardarse su deseo en un baúl y sacarlo a relucir solo cuando se alineen los planetas.

Y sí, todo esto puede parecer superficial, pero no soy yo el que ha inventado las reglas. Puedes estar sin sexo o con sexo poco satisfactorio en tu pareja durante un tiempo. Seis meses, diez, incluso dos años frustrado, sin tener el sexo que a ti te gustaría. Pero eso es un cóctel que siempre termina estallando de una u otra forma.

La segunda razón que se carga la atracción sexual es la falta de polaridad. ¿A qué me refiero con esto? Muy fácil. ¿Has oído hablar de la teoría del «Sí, cariño»? Es la teoría que tienen algunos hombres de que el secreto de la felicidad matrimonial reside en decirle a tu mujer siempre que sí. Según esta gente, conceder a tu pareja todos y cada uno de sus deseos y dar satisfacción a todas sus peticiones es lo que hará que ella sea feliz contigo y no «dé problemas».

Lo que en un principio parece una forma sencilla de ponerse de perfil con la pareja para evitar problemas, en realidad, consiste en una de las mayores negligencias que podemos cometer en una relación. Considéralo por un momento: ¿en qué cabeza cabe pensar que lo que más desea la mujer es a un hombre obediente? Claramente, a una que no haya meditado demasiado sobre la cuestión.

Míralo ahora de la siguiente manera: ¿qué personajes del acervo popular resultan atractivos por lo general a las mujeres? El capitán Jack Sparrow, pirata del Caribe que hace lo que le da la gana, saliéndose con la suya sin prestar atención a lo que los demás quieren. James

Bond, el frío agente secreto para el cual sus ligues nunca son la prioridad, ya que lo más importante es la misión que ha de cumplir. O Ragnar Lodbrok, el rey que, por cómo lo retratan en la serie *Vikings*, acaba resultando una mezcla entre los dos personajes anteriores.

Es poco probable que ninguno de estos personajes de ficción fueran a decir «Sí, cariño» ni a su mujer ni a ninguna otra. Y aun así, son los que llaman la atención de las mujeres. Tal vez, no de todas, pero sí de la inmensa mayoría. ¿Por qué? Por la polaridad masculina que exudan.

En esta época de grandes confusiones, los roles masculinos y femeninos se desdibujan; pero, donde la cultura emborrona, la biología se impone. El rol masculino es de fuerza, de decisión y de independencia. De acción y de proactividad.

Independientemente de que esta polaridad masculina se deba a la biología o a la cultura (podríamos escribir un capítulo entero solo sobre el tema), el caso es que esto es lo que una mujer normativa encuentra atractivo en un hombre.

¿Qué crees que encontraría más excitante tu pareja, que le ofrezcas ser su esclavo durante un día en el que colmarás todos sus deseos y harás todo lo que te diga, o que le organices una jornada completa de actividades chulas, de buenos restaurantes y, en resumen, de sorpresas sobre las que ella no sospeche absolutamente nada?

Si te has relacionado con más de dos mujeres en toda tu vida, conoces perfectamente la respuesta a esta pregunta. Las mujeres encuentran la servidumbre útil, pero no atractiva. Por eso, cada vez que cedes sin necesidad, cada vez que pides perdón aun teniendo la razón y, en definitiva, cada vez que te pones de perfil, pierdes polaridad masculina.

Y no pasa nada porque esto suceda un par de veces, pero, como sabes, a lo largo de un matrimonio existen muchísimas ocasiones en las que vas a chocar con tu pareja. Si proteges tu polaridad masculina, te mantendrás en tu sitio y, entre otras cosas, el magnetismo sexual permanecerá intacto. En cambio, si dejas que tu polaridad se vaya desgastando, volviéndote poco a poco suave y neutro, el deseo sexual de tu pareja también se irá volviendo más suave, hasta que termine desapareciendo casi por completo, quedando solamente los polvos por compasión. No, la verdad es que no suena nada bien.

Y el último de los factores que pueden desgastar la conexión sexual es... el paso del tiempo y sus estragos. Así es, amigos, el tiempo no perdona y, a medida que avanzamos en las distintas etapas vitales, la libido y la conexión pueden ir decayendo fácilmente. Estos son los hitos más importantes en los que todo hombre debería tener cuidado para mantener la vida sexual de la pareja en la medida de lo posible:

— **Nacimiento de los hijos.** Seamos claros, es como si las mujeres tuvieran una especie de chip insertado en el cerebro y, cuando tienen hijos, especialmente el último, cerrarán la fábrica. Por supuesto, esto no significa que nunca más vayáis a tener sexo, pero sí es verdad que la libido femenina suele bajar con el nacimiento de cada hijo. En primer lugar, el parto deja una serie de lesiones en toda la zona vaginal que tardan mucho en sanar. Durante la época del postparto, la conexión sexual sufre mucho, básicamente porque es muy difícil, si no imposible, mantener ningún tipo de intimidad sin grandes dolores físicos. Como a todo se acostumbra uno, es fácil que, después de la recuperación física total de tu pareja, perdáis ritmo sexual. Por otro lado, con el nacimiento de cada hijo, la finalidad biológica del sexo (por lo menos, para la mujer) va perdiendo importancia, por lo que es fácil que cada vez ese instinto se vaya apagando. Es fácil que la mujer se empiece a arreglar cada vez menos y, probablemente, querrá cortarse el pelo para llevar, como mucho, media melena. Este descenso de la coquetería ya te imaginas lo que significa...

— **Menopausia.** Ser mujer es complicado por varios motivos, y uno de ellos es por el eterno baile de hormonas que hay en el interior de cada una. La menopausia es uno de los momentos más difíciles para cada mujer porque significa, a nivel literal, el final de su vida fértil y, a nivel simbólico..., que se hace vieja. Y como ya sabrás, a ninguna mujer le gusta sentirse vieja. Engordan, sus pechos ya no son los que eran y el tema de los sofocos y los cambios de humor las tienen bastante bastante cabreadas. Es fácil, en este contexto, perder una parte importante de la intimidad sexual, ya que, en general, hay que tratarlas con mucho mimo en esta etapa de su vida, así que imagínate la odisea que supone llevártelas a la cama.

— **Climaterio.** También conocido como «pitopausia». Se da en hombres, cuando los niveles de testosterona bajan por debajo del mínimo razonable que mantiene el sistema funcionando con normalidad, lo cual suele pasar cerca de los sesenta años. Lo pronto o tarde que llegues a este proceso también dependerá de tu estilo de vida, cuánto deporte hagas, la calidad de tu alimentación, etc., pero la cuestión es que, según te acerques a los sesenta, lo normal es que veas tu deseo sexual mermado, junto con tu masa muscular y, por supuesto, tu fuerza física.

Podríamos seguir enumerando hitos importantes en la vida de las personas en los que hay que cuidar la conexión sexual, pero, en definitiva, es algo que hay que vigilar a lo largo de literalmente toda la relación, ya que es fácil caer en el aburrimiento después del tiempo suficiente acostándote con la misma persona una y otra vez.

2.
El sexo

«Si el sexo no fuese la parte más importante de la vida,
el Génesis no empezaría por ahí».
Cesare Pavese

Como ya te habrás dado cuenta, el sexo, si no es la esfera más importante de la vida, por lo menos está entre las tres más importantes. No solo es una necesidad básica en todo hombre, sino que además es uno de los temas en torno a los que gira tu vida entera.

¿Para qué entrena el hombre en el gimnasio día a día, con disciplina, levantando hierros? Para fortalecer sus músculos y tener mejor salud, sí; pero, especialmente, para verse atractivo y resultar deseable para las mujeres.

¿Por qué quiere el hombre tener una posición importante dentro de una empresa o en su propio negocio? Para tener el respeto de sus iguales y sentirse admirado; pero, más concretamente, busca la admiración femenina, que se dirige con más fuerza hacia hombres de cierto estatus.

¿Por qué quiere un hombre ganar grandes cantidades de dinero? Para tener una vida estable en la que se pueda permitir ciertos lujos;

pero, principalmente, porque sabe que, cuando tienes dinero, es más fácil conseguir mujeres.

Quizá ahora me digas que tú no entrenas en el gimnasio por eso, o que tú no buscas el dinero por eso. Claro que no. A nivel consciente, no. Pero, a nivel subconsciente, los humanos tenemos impulsos e instintos, exactamente igual que los animales, y uno de los más poderosos es el sexo.

Un poco de biología

¿Cuántas veces piensa un hombre promedio en el sexo a lo largo del día, esté o no esté en un contexto sexual? No hace falta que me respondas, haz la cuenta de cuántas veces el tema pasa por tu imaginación y te sorprenderás (o no) del resultado: desde momentos de inactividad en tu casa hasta reuniones de trabajo particularmente aburridas, el sexo ocupa un espacio enorme en tu cabeza, independientemente de dónde estés o qué estés haciendo.

¿Y por qué es esto? Fácil: la biología nos enseña que la misión principal de los animales es reproducirse y perpetuar su línea genética, lo que significa que, seas consciente o no, el sexo tiene un papel central en tu vida. Y si el sexo es relevante en tu existencia como persona, es doblemente importante en el caso de los hombres, por un motivo fundamental: los hombres necesitamos más el sexo que las mujeres.

Antes de que nadie me llame sexista, respóndeme a una pregunta: ¿cuántas veces rechazaste en la cama a tu exmujer y cuántas veces te rechazó ella a ti? ¿Cuántas veces rechazas tú la oportunidad de tener sexo con una mujer y cuántas veces esa mujer rechaza la oportunidad de tener sexo contigo?

Empezamos a entendernos, ¿verdad?

A nivel biológico, hombres y mujeres tenemos un nivel de deseo sexual similar, lo que significa que, biológicamente, tenemos aproximadamente las mismas ganas de follar. Me acuerdo de un amigo que siempre me decía que él pensaba que le gustaba follar mucho hasta que conoció a una mujer a la que realmente le gustaba follar mucho. ¿A qué se deben las diferencias entonces entre hombres y mujeres a la hora de aceptar y rechazar un encuentro sexual?

A algo muy sencillo: el sexo es para ti, como hombre, la vía fundamental de validación de tu autoestima. Para las mujeres, en cambio, no funciona así: para ellas, su mecanismo de validación de la autoestima es la atención de otros hombres, y esto explica por qué, aunque hombres y mujeres deseamos el sexo por igual, los hombres tenemos esta esfera mucho más presente en nuestra vida psicológica.

Mira a tus amigos y analízalos. Observa los trabajos que tienen, a qué dedican su día a día y cuánto follan (en la medida en la que compartan esa información contigo, claro). Te darás cuenta de que aquellos que se consideran más felices suelen ser los que tienen una vida sexual más plena, incluso más felices que aquellos que tienen puestos de trabajo más importantes, y más todavía que los que tienen pareja desde hace más tiempo pero no tienen sexo de forma habitual. En cambio, en tus amigas, verás que esta condición no se cumple: para las mujeres, el sexo es importante, pero... no tan importante.

¿A qué se debe esta asimetría entre hombres y mujeres?

Te acuerdas de que comentábamos más arriba que la eficacia evolutiva de los animales consiste en reproducirse todo lo que puedan, ¿verdad? Pues, siguiendo esta misma línea, existe una diferencia importante entre machos y hembras de la especie, y aquí es donde está la clave: mientras que la eficacia evolutiva de los machos reside en aparearse con todas las hembras que puedan, la de las hembras consiste en aparearse solo con el mejor macho disponible, y no necesariamente muchas veces.

Esta asimetría se entiende considerando estos dos puntos:

— En la mayoría de especies animales, ya sea por la gestación interna de las crías (mamíferos) o por el cuidado de los huevos (ovíparos), la hembra se tiene que centrar, después de la fecundación, en sacar adelante a las crías, y el macho no.

— Los riesgos asociados al coito y a la fecundación son numerosos en las hembras de cualquier especie animal y prácticamente inexistentes en sus contrapartidas masculinas.

En esta asimetría reside la clave de todo: los hombres encontramos confirmado nuestro valor en la medida en la que nos llevamos a la cama a muchas mujeres, o a la misma mujer muchas veces, ya que eso implica que somos aptos para reproducirnos y continuar con nuestra línea genética. Las mujeres tienen suficiente a nivel psicológico con llamar la atención de los hombres, independientemente de que se acuesten con ellos o no, ya que, cuantos más hombres consigan atraer, más aumentan las probabilidades de poder acostarse con el «óptimo».

Por eso las mujeres se maquillan tanto, por eso la ropa de mujer está diseñada para ser más llamativa que la ropa de hombre: porque lo importante a la hora de validar su autoestima consiste en llamar la atención.

Muchos podrían tacharme de machista por decir esto, pero nada más lejos: no hay nada de malo en querer llamar la atención, igual que no hay nada de malo en querer sexo. Muchas veces se juzga a la mujer por fotografiarse en bikini para las redes sociales, o por vestirse de *x* formas para salir por la noche; pero hay que tener en cuenta que todas estas conductas parten desde esta necesidad psicológica de llamar la atención. Si tú le niegas a tu mujer dicha atención, verás poco a poco cómo se va marchitando, exactamente igual que si una mujer le niega a su hombre la posibilidad de tener sexo.

A lo mejor, todo esto que te estoy contando te acaba de volar la cabeza, pero piensa en esto: es por este motivo que una mujer puede liarse contigo y después de dos besos irse a casa, dejándote con el calentón. Porque lo que necesitaba no era acostarse contigo, sino sentirse deseada por ti.

Y en definitiva, por esto generalmente es la mujer la que elige cuándo se tiene sexo, y el hombre es el que acata, porque, a nivel psicológico, como hombre, necesitas tener sexo de una forma más regular que ella.

Volver al ruedo

Aquí es donde empiezan los problemas. Porque el divorcio es muy jodido por una serie de aspectos, pero este es uno fundamental: hay un conflicto interno entre la parte de ti que necesita tener contacto íntimo con otras mujeres y la parte de ti que sigue afectada por todo lo que ha pasado. Dolido y agotado emocionalmente, te preguntas si es o no el momento de llevarte a otra mujer a la cama. Unos te dicen que lo que tienes que hacer es acostarte con todas las mujeres que puedas. Otros, que busques la soledad y aprendas a vivir solo.

Pero ¿qué es exactamente lo que tienes que hacer? Tengo dos respuestas para ti, la corta y la larga. La corta es que tienes que follar. Tienes que llevarte a otras mujeres a la cama, en cuanto puedas. La larga es que la respuesta corta tiene un pero: llévate a otras mujeres a la cama en cuanto puedas, pero asegúrate de no taponar el dolor a través de estos encuentros sexuales.

El problema de los hombres que se acuestan con otras mujeres nada más romper es que de alguna manera buscan, de forma consciente o subconsciente, alguien con quien reemplazar a la mujer a la que han perdido. Y eso es un tremendo error, ya que lo único que puede pasar si haces eso es que acumules duelos uno detrás de otro y termines montando un follón emocional en tu cabeza digno de la *Jungla de cristal.* No, ese no es el enfoque que tienes que utilizar a la hora de acostarte con otras mujeres.

Cuando hablo sobre esto con mis clientes, siempre les explico lo mismo: cuando tienes citas inmediatamente después del divorcio, tienes que ir con la mentalidad de quien va a un museo. A un museo vas, principalmente, a disfrutar de la belleza de las piezas de arte que se conservan allí. No te entristece que los cuadros no sean tuyos, ni te plantearías llevarte ninguna de las esculturas a casa (imagínate la locura de cuadrar al *David* de Miguel Ángel entre la tele y las estanterías de Ikea), solo disfrutas de ese rato en el que estás, simplemente, observando el encanto de las obras. Y aquí es donde está la clave: en disfrutar la hermosura de las cosas, aunque no sean tuyas ni lo vayan a ser nunca.

Lo que necesitas ahora mismo no es otra mujer. Sobre todo, teniendo en cuenta que lo más seguro es que a estas alturas estés hasta los cojones de tener las necesidades de otra persona en la cabeza constantemente, de consultar o, por lo menos, comentar cada plan con la otra persona y, en general, de vivir por dos.

Lo que necesitas ahora es vivir por ti mismo. ¿Qué es lo que te gustaría hacer? ¿Cuáles son las cosas con las que habrías deseado experimentar en la cama? ¿Con qué tipo de mujer te habría apetecido tener sexo y todavía no has podido probar?

Escribe, a continuación, las tres principales cosas que quisieras probar en la cama. No te cortes, nadie más que tú mismo va a leer esto:

1. ....

2. ....

3- ....

Puede que ahora mismo te estés preguntando para qué cojones te hago escribir esto en un libro. Muy sencillo: porque lo que ahora importa eres TÚ. Lo que TÚ quieres, lo que TÚ sientes y lo que TÚ deseas.

Lo que necesitas para superar este trance tan complicado es centrarte en ti mismo y dejar todo lo demás a un lado: qué pensaría tu ex de ti si se enterara de *x* cosa, o cómo se sentirá tu familia cuando tomes *x* decisión. Nada de eso importa.

O bueno, entiéndeme, tal vez sí importa. Pero TÚ importas más.

¿Quién se acuesta contigo todos los jodidos días de tu vida? ¿Quién amanece contigo literalmente cada mañana? ¿Quién es esa persona a la que no te puedes quitar de encima ni de coña?

Lo has adivinado: tú mismo. Y mucho más importante que lo que tu ex, tu familia o tus amigos piensen acerca de ti es lo que tú pienses sobre ti.

Así que, si te apetece tener sexo en el parque, ten sexo en el parque. Si te apetece probar con una mujer que no hable tu idioma, prueba a hacerlo. Haz las paces con todas esas fantasías, grandes o pequeñas, que no podías cumplir con tu pareja.

Porque, al final, como todos los procesos emocionales, tu paso por el divorcio será catalogado como bueno o malo por tu subconsciente de forma mercantilista, es decir, dependiendo de lo bueno o malo que saques de la experiencia. Los peores divorcios son aquellos en los que, tras la ruptura, no solo pierdes a tu familia, sino también tu posición social (al ser criticado por tu ex en los círculos sociales compartidos), o incluso tu capacidad económica (por posibles penalizaciones laborales con base en el menor rendimiento que tendrás en tu empleo hasta que hayas superado a nivel emocional esta situación, pensiones compensatorias draconianas…).

Por eso, como indudablemente vas a sacar muchas cosas malas de esta situación, más te vale que te empieces a poner las pilas para extraer todo lo bueno que puedas y así equilibrar la balanza.

Disfunciones sexuales

Si haces las cosas bien, tu próximo encuentro sexual debería ser razonablemente satisfactorio y tu funcionamiento debería ser normal. Pero seamos sinceros, hay varias cosas que podrían salir mal: podrías terminar demasiado rápido, podrías no llegar a terminar o, directamente, tu amigo alargado que tienes entre las piernas podría decidir no funcionar.

Los problemas de cama son uno de los grandes temas tabú en la vida de los hombres: todos vivimos algún problema de este estilo a lo largo de nuestra vida, pero rara vez lo hablamos con nadie. El tabú es tan pero tan fuerte que, cada vez que publico un vídeo en Instagram sobre este tema, no solo el número de *likes* y de comentarios es infinitamente menor que en cualquier otro vídeo de la cuenta sobre literalmente cualquier otro tema, sino que incluso el número de visualizaciones es inferior.

El mensaje de esto es claro: los hombres no queremos ni que nos pillen mirando una fuente de información sobre este tema prohibido. Pero ¿por qué resulta tan tabú? Esta es una pregunta interesante, y su respuesta también nos arroja la información que necesitamos para entender no solo de dónde vienen exactamente estos problemas, sino, sobre todo, cómo podemos solucionarlos. Agárrate, que vamos a ello.

Te acuerdas cuando comentábamos antes que la vía de validación de la autoestima del hombre es el sexo, ¿verdad? Vamos ahora un poco más lejos: el sexo es poder.

Desde muy pequeños, los niños aprenden que el pene es algo muy importante: es lo que los diferencia de las niñas. Si recuerdas tu infancia, o la de tus hijos, sabrás que no es una cuestión de machismo, sino de que los niños pequeños (y las niñas) tienen una percepción tribal de su sexo. Esto es, los niños buscan la interacción de otros niños y rechazan tener relación con las niñas, y las niñas hacen lo propio, pero a la inversa. Por eso, para los niños pequeños su pene es tan valioso, porque en esa etapa de su desarrollo no hay ninguna otra diferencia entre ellos y una niña.

Con el tiempo, el niño crece y se convierte en un adolescente, aprende a masturbarse y su relación con su pene toma una dimensión totalmente diferente. Escucha hablar sobre el sexo y, aunque todavía no esté familiarizado con sus pormenores, es capaz de entender que el pene es crucial en este nuevo terreno tan interesante y tan importante como parece ser para los adultos.

No hace falta que el chaval entre en contacto con el porno (aunque te aseguro que lo hará) para que empiece a notar cómo existe una especie de aura alrededor de los hombres que tienen el pene grande, que tienen mucho sexo y, sobre todo, que pueden tenerlo «durante mucho tiempo». Pasarán muchos años antes de que ese chaval descubra la verdad, que es que no hace falta tirarse una hora follando para disfrutar del sexo, que no siempre tiene por qué apetecerle o, incluso, que a veces su propio cuerpo no estará preparado para tener un encuentro sexual, aunque en su cabeza sí lo desee. Por eso, toda esta información viciada se cuela en el subconsciente y cala tan hondo que hay ciertas cosas que, aunque podamos reconfigurar en nuestra cabeza, nunca se olvidan.

Follar mucho, durante mucho tiempo, tenerla grande y muy dura son aspectos muy importantes para el subconsciente del hombre. Cumplir con estos parámetros le hace sentir seguro de sí mismo, confiado y con una autoestima en su sitio. Por eso nos da tanto miedo reconocer que un día nos hemos corrido rápido o que no se nos ha levantado. De esa manera, cuando a un hombre soltero le preguntas hace cuánto que no tiene sexo, a veces empieza a sudar antes de reconocerte que hace meses que no se va a la cama con ninguna mujer. Porque cualquiera de estos motivos le hace sentir… menos hombre.

Después de una ruptura complicada, tienes ganas de todo menos, probablemente, de follar. Hay muchas cosas que tienes que poner en su sitio antes de plantearte meterte con otra persona en la cama. Pero, como ya hemos comentado antes, es importante que des este paso, dentro de lo que cabe, cuanto antes, para hacer la transición, y todo esto causa una contradicción interior muy importante, que es lo que nos lleva a hacer según qué clase de cosas aunque no estemos preparados.

¿Y qué es lo que pasa cuando nos vamos a la cama con alguien antes de estar preparados para ese paso? Que nos exponemos a que nos pasen este tipo de disfunciones. Y el drama no es ese, sino que estos problemas de cama se pueden retroalimentar con tu falta de confianza y la frustración general de la situación. Puedes comparar a tus nuevas parejas sexuales con tu ex y empezar a darle todo tipo de vueltas raras a la cabeza sobre tu situación, que ya de por sí es... complicadilla, por lo menos. Es importante que sepas que no solo esto alimenta tu dolor en el día a día por la separación, sino que además multiplica la probabilidad de que vuelvas a tener problemas de cama, precisamente por esta falta de confianza.

La indicación general es la siguiente: hazlo cuando puedas, pero tampoco te vayas a la cama con nadie antes de estar preparado. Cumple en la medida que puedas esta indicación y, en un principio, todo irá bien.

Vamos a entrar ya en materia para ver básicamente los tres grandes problemas de cama que podrías tener y sus implicaciones psicológicas, para que puedas cortarlos.

1. Eyaculación precoz

Este es un problema sobre el que, a pesar de lo común que es, existe mucho desconocimiento. Al fin y al cabo, ¿qué es, técnicamente, llegar al orgasmo demasiado rápido? Ten en cuenta que la mayoría de animales no dedican demasiado tiempo al coito; sin ir más lejos, los chimpancés (nuestros parientes más cercanos) eyaculan en tres segundos solamente. Y por mucho que los hombres estemos prácticamente obsesionados con aguantar lo máximo posible, según *The Journal of Sex Medicine* la media de un coito satisfactorio es de, aproximadamente, cinco minutos y medio, sin contar preliminares.

«Ah, claro —dirán algunos—. Todo lo que caiga por debajo de la media es eyaculación precoz». La verdad es que es una conclusión bastante lógica, pero ¿qué pasa si la mujer con la que te estás acostando llega al orgasmo en cinco minutos de media? Entonces,

¿seguiríamos considerando eyaculación precoz el que tú te corrieras en nueve minutos si ella se ha corrido en cuatro?

Evidentemente, no. La eyaculación precoz tiene que ver, más que con una marca concreta de tiempo a la hora de terminar el encuentro sexual, con la sensación de «no poder controlar la eyaculación» y que «has terminado demasiado rápido», independientemente del tiempo concreto que te lleve el encuentro.

El problema principal de todas las disfunciones sexuales no es tanto la disfunción en sí. Por ejemplo, si te corres muy rápido, siempre puedes reanimarte tras un rato y volver al *ring*, hasta que eso aguante lo que tenga que aguantar: al fin y al cabo, cuantas más repeticiones, más insensibilidad y más aguante, por fuerza. El problema de las disfunciones es... cómo reaccionará ella.

Una mujer con la educación, la experiencia y el buen gusto suficientes, entendería que en ocasiones el rendimiento de un hombre puede ser distinto del que le gustaría tener y que esto no es culpa de nadie. Actuaría con cariño y gentileza, y probablemente el encuentro sexual se podría tener igualmente. Pero... no es siempre así.

En los casos de eyaculación precoz es especialmente sangrante, porque técnicamente tú has tenido un orgasmo y te has corrido, aunque probablemente por la ansiedad que te cause este hecho ni siquiera lo hayas disfrutado. Ah, pero... te has corrido. Y ella, en cambio, no. Y se molesta, y quiere parar. Si no has vivido esto, te puedes imaginar lo desagradable que es este momento. Y si lo has vivido, ya lo conoces.

El motivo principal por el que podrías tener problemas por eyaculación precoz, aparte de por no estar preparado todavía para tener un encuentro sexual con nadie, es porque, aunque esa mujer te atrae sexualmente, no confías en ella o no te termina de convencer demasiado. El final precipitado del encuentro es la manera que tiene tu cuerpo de decirte que con esta no es o, por lo menos, no ahora. Por suerte, esta disfunción se dispara de forma bastante específica, es decir, que, cuando tienes problemas por eyaculación precoz con una persona, los tendrás todas las veces que te acuestes con ella, pero, en el momento en el que cambies de pareja sexual, las cosas suelen volver a su cauce de forma totalmente inmediata.

Esto no quiere decir que, necesariamente, tengas que dejar de verte con esta persona y que empieces a acostarte con otra. Lo que quiere decir es que muy probablemente tienes bloqueos específicos con esta persona que tendrás que resolver si quieres poder tener sexo con ella de una forma satisfactoria. Tú eres el que decide si le dedicas tiempo y energía a romper dichos bloqueos, o si simplemente cambias de pareja sexual y ya.

2. Disfunción eréctil

La estrella de los problemas de cama. Te apetece irte a la cama con esa mujer, os ponéis al lío y... no hay manera. Por mucho que ella insista, baje al pilón y hagáis preliminares de todo tipo, la cosa no arranca.

Y permíteme las confianzas: este problema es verdaderamente jodido. Las implicaciones que tiene a nivel subconsciente, tanto para ti como para la mujer con la que has intentado acostarte, el hecho de que no se te levante, son muchas. Para empezar, tu nivel de confianza en ti mismo baja una salvajada. Para seguir, como ellas no suelen tener información sobre cómo funcionan este tipo de problemas (si los hombres de a pie no tienen la info, imagínate las mujeres), también su nivel de confianza con respecto a ellas mismas se ve seriamente dañado. Piénsalo: las mujeres saben que, por lo general, encender a los hombres es relativamente sencillo —a poco que nos haces un par de cosas, ya estamos listos para darle—; así que... ¿qué pasa cuando no hay manera de arrancar eso?

Pues que se ven gordas, se ven feas, piensan que tienen las tetas demasiado pequeñas, el culo demasiado grande..., o creen que «tú lo piensas» y que por eso no «respondes a la llamada». Por eso, mientras que la reacción habitual de una mujer que no sabe cómo funcionan las disfunciones sexuales ante la eyaculación precoz es de resentimiento porque tú has llegado al orgasmo y ella no, la reacción ante un gatillazo es bastante peor, porque, aparte de quedarse calientes sin remedio, al final sienten que es porque no te atraen lo suficiente, con todas las discusiones y tensiones añadidas.

Nuevamente, con una mujer que sepa cómo funcionan estos temas sería bastante más sencillo. Siempre puedes jugar de distintas maneras hasta que tu pene responda (o no), finiquitéis y decidáis que ha llegado el momento de parar y que ya seguiréis en otra ocasión. Pero, amigo, como ya sabes, no siempre es tan sencillo.

En el caso de este problema de cama, normalmente la raíz suele tener que ver con un malestar y una desconfianza en general, no específica hacia esa persona. De alguna forma tu mente interpreta que el encuentro sexual puede ser dañino o amenazante para ti y decide que tu miembro no responda. Como no puedes mantener el coito, te has «salvado» de la amenaza y la vida continúa con normalidad.

La disfunción eréctil es probablemente el problema de cama más molesto, incómodo y vergonzoso de todos. Pero, en el fondo, es una parte importante de la sabiduría del cuerpo. Un encuentro sexual, cuando no estás preparado, puede dejarte una huella muy profunda. Aunque los riesgos físicos de mantener una relación sexual para los hombres son más bien limitados, los riesgos psicológicos sí que son elevados, teniendo en cuenta lo importante que resulta el sexo para la organización de toda nuestra identidad psicológica. Por eso, ante una situación de estas características, en lugar de enfadarte porque tu cuerpo no responde, interesa más bien que te preguntes por qué no está respondiendo. Qué es lo que hay desajustado dentro de ti para que tu mente considere que no estás preparado para irte a la cama con nadie. Solo así le podrás dar solución y volver al ruedo por la puerta grande.

3. Eyaculación tardía

Este es el término técnico que se utiliza para definir, básicamente, cuando tienes dificultades para llegar al orgasmo, y representa uno de los problemas de cama más comunes, aunque también más desconocidos, de los procesos de divorcio.

Resulta especialmente típico en casos en los que estabas con una mujer que te atraía especialmente a nivel sexual. Romper esa última conexión es siempre difícil, y, si no, que alguien me diga si alguna vez se ha dejado de sentir atraído sexualmente por su ex. Otra cosa es que no te vayas a acostar más veces con ella, pero ¿me estás diciendo que ya no te atrae, ni siquiera un poco?

Teniendo en cuenta que esa conexión es probablemente la más difícil de extirpar completamente de la psique, imagina qué es lo que pasa cuando, por el motivo que sea, tienes una conexión particularmente fuerte con tu ex en ese sentido. Piensa también que, durante mucho mucho tiempo, te has acostumbrado a acostarte con ella y solo con ella. Es como si hubieras estado conduciendo un Ferrari durante quince o veinte años y, de repente, te obligaran a bajarte y solo pudieras conducir coches de gama baja. Entiéndeme: no es que el resto de mujeres no sean atractivas, es que tienes un enganche particularmente duro con tu exmujer.

Si ya resulta difícil acostumbrarte a que los pedales estén en otro sitio, el embrague no entre igual y la aceleración no sea la misma (recuerda que no estamos hablando de coches), imagina cuando tenías un apego tan profundo a ese coche. Pues que conduces a disgusto.

Y quiero que se me entienda: no es que no vayas a «disfrutar» follando; es que «no te vas a correr», o, si te corres, te va a costar tanto como una maratón. Y esto, que, si no te ha pasado nunca, te puede parecer que, dentro de lo malo, tampoco es algo tan problemático, en realidad se puede hacer mucha bola. Porque, sí, puedes acostarte con la chica y todo perfecto, pero... no terminas, por más que te esfuerces. Esta situación no es problemática por el encuentro en sí, sino por el nivel de obsesión en el que puedes caer si no tienes cuidado con cómo resignificas esta situación.

Una vez, un cliente, llamémoslo Óscar, me contó que, desde que se había divorciado, no tenía manera de llegar al orgasmo con ninguna de sus nuevas parejas sexuales, y no habían sido pocas. Era un tipo joven, alto, guapo y con dinero; de verdad, era como un anuncio del típico tío que gusta a las tías. Por eso, cada vez que salía, se iba a casa con una.

Y sí, eso suena genial, decididamente estaba recuperando el tiempo perdido. Pero, cada vez que se acostaba con una, tenía que pensar en su ex para poder llegar al orgasmo. No es mi idea de un final feliz, la verdad.

Tuvimos que rebuscar dentro de su mente hasta que encontramos la explicación: no solo su ex era una mujer extremadamente hermosa por la que se seguía sintiendo muy atraído, sino que además lo había estado manipulando con el sexo durante toda la vida de su matrimonio.

A lo largo de aproximadamente diez años, la mujer estuvo utilizando el sexo para hacer que mi cliente hiciera lo que ella quería. Obligándolo a comportarse de una forma u otra, reteniéndolo en casa cuando él quería salir…, lo típico. Y sabes, hay dos cosas que cuesta mucho quitarse una vez te agarran fuerte: los piojos y los viejos malos hábitos.

En esta nueva etapa, Óscar ligaba un montón y se llevó a muchas mujeres a la cama. Él solía darme algunos detalles y, al final, perdí la cuenta (no sé si él la llevará) de con cuántas se había acostado una vez consiguió separarse. Pero tenía un problema: tenía que pensar en su ex para correrse.

No importaba lo mucho que le pusiera la chica ni lo que esta le hiciera, o pensaba en su ex o no había manera de terminar el trabajo. Y así fue durante un tiempo, hasta que conseguimos romper la asociación que su cerebro hacía entre el acto sexual y la madre de sus hijos.

En definitiva, existen muchísimas cosas que podrían salir mal si te metes en la cama antes de tiempo después de este duro trance. Asegúrate de tener cerradas las heridas, por lo menos hasta cierto punto, antes de intentar una nueva aventura, por desenfadada o sin compromiso que sea.

¿Y ella qué?

Tengo malas noticias, caballero: tu ex ya se está follando a otro. Y si no ha empezado aún, pronto lo hará.

¡Pero, espera, no tires el libro a la basura todavía!

¿Te das cuenta de lo que ha pasado dentro de ti? Efectivamente, amigos, a esto se le llama «territorialidad». Y a esta territorialidad te aseguro que no le mola el hecho de que tu ex se vaya a la cama con otro.

Uno de los tragos más complicados de digerir es el hecho de que en algún momento tu ex decidirá irse a la cama con otro tipo. Y es normal, es ley de vida. Pero ¿por qué carajo a los tíos nos afecta tanto?

En una ocasión, un cliente llegó a decirme, después de la ruptura de una relación especialmente importante para él, que lo que más le dolía de haber perdido a su ex era imaginársela chupándosela a otro tío. Y sí, evidentemente, la ruptura de este cliente fue más sencilla que un divorcio: no tenía hijos con ella. Pero, aun así, esta situación pone de relieve este mecanismo puramente masculino.

A los tíos no nos gusta que aparquen en nuestra plaza de garaje ni que nos pisen el césped. Hay quien podrá decir que tampoco a las mujeres les hace particular ilusión que su exmarido se acueste con otra, pero… no es exactamente lo mismo.

Hace tiempo, en un estudio de la Universidad Noruega de Ciencia y Tecnología se investigaba las diferencias entre hombres y mujeres a la hora de encajar las infidelidades. Antes de que me preguntes qué demonios tiene esto que ver, continúa conmigo, que enseguida llegamos a eso. La cuestión es que se preguntaba a un grupo de hombres qué tipo de infidelidad le causaría un mayor dolor, si una infidelidad emocional (la pareja se enamora de otra persona diferente, sin que haya contacto físico entre las dos partes) o una infidelidad física (la pareja mantiene relaciones sexuales con otra persona diferente, sin que haya sentimientos entre las dos partes). La conclusión posiblemente te sorprenda.

Se encontró que, aunque los dos tipos de infidelidad resultan sumamente dolorosos, mientras que las mujeres solían calificar las de tipo emocional como más dolorosas, los hombres encontraban normalmente peores las infidelidades físicas.

«¿Qué importa? —me preguntarás—. Si tu pareja se enamora de otra persona, que llegue a mantener relaciones sexuales con ella es solo cuestión de tiempo. Y si tu pareja mantiene relaciones sexuales con otra persona, es fácil que pueda llegar a desarrollar sentimientos por esta nueva pareja sexual». Pues resulta que importa mucho.

En esta investigación lo que se estudiaba era qué consideraban los hombres y qué consideraban las mujeres como la raíz del dolor, y se ponía de relieve la importancia del mecanismo que comentamos. Puede haber personas que no sigan este esquema, pero, por lo general, son casos minoritarios.

A lo que quiero llegar con esto es a que en cualquier momento te va a llegar la hostia, porque el tiempo pasa para los dos y, como sabes, las mujeres lo tienen bastante más fácil que nosotros a la hora de acostarse con otros. Tienes que estar preparado para que este momento llegue, porque llegará. Se acostará con otro, o con otros, y en algún momento rehará su vida, y esto es algo con lo que tarde o temprano te vas a encontrar. Siempre se lo digo a mis clientes: es importante tener todo bien atado lo antes posible, y es básicamente por esto.

Voy a ser franco contigo: no todas las personas tienen que ir a terapia para superar su divorcio. Hay algunas que, por su fortaleza mental, por su sencillez emocional o por cualquier otro motivo, consiguen salir adelante sin necesidad de apoyo especializado.

Ahora bien, estarás también de acuerdo conmigo en que muchas personas que deberían haber ido a terapia para superar su divorcio no lo hicieron. Y pagan bien caro, en sufrimiento, esta decisión.

El momento en el que la madre de tus hijos pasa página resulta especialmente complicado, y es uno de los motivos por los que muchos hombres caen al hoyo. Porque nada te prepara para eso. Nunca piensas en que quizá llegue el momento en el que tú ya no seas importante para tu ex. Quizá llegue el momento en el que, para esa persona a la que tanto quisiste, ya no seas, literalmente, nadie. Y esto duele, y mucho. No con el dolor punzante de la bofetada de la separación, sino con el dolor profundo y pesado del gran agujero que queda dentro de ti. Hace falta ser un poco filósofo para entender esto y salir adelante sin quedarte un poco tocado.

Piénsalo, es mejor así. Los imperios crecen y se derrumban; los animales nacen y mueren, y las historias de amor, muchas veces, empiezan y terminan. E igual que no se te ocurriría embalsamar el cuerpo de tu perro y tenerlo en el salón de tu casa, también tienes que dejar ir a tu exmujer, tanto en el corto plazo como en el largo. Has de entender que ella no solo ya no se va a acostar contigo, sino que se va a acostar con otra persona. Que ya no te va a querer a ti, sino a otra persona, y así es como debe ser.

Pero, claro, esto es más fácil decirlo que hacerlo. Igual que cualquier hombre estaría totalmente de acuerdo con montarse un trío con dos mujeres, pero se lo pensaría muy mucho a la hora de hacerlo con una mujer y con otro hombre, nosotros podemos encajar con más o menos elegancia el hecho de que tendremos que volver a enamorarnos en un futuro, pero nos cuesta bastante más pensar que ella se tendrá que enamorar también.

Una vez leí en un libro muy interesante (*Arquetipos para una nueva masculinidad: rey, guerrero, mago y amante*, de Moore y Gilette) que uno de los rasgos que caracterizan a los hombres más maduros y fuertes interiormente es la capacidad de echarse a un lado cuando ya no son necesarios. Un buen rey abdica cuando le empieza a temblar el pulso a la hora de tomar decisiones, y cede su trono al príncipe o a la persona que vea mejor preparada para hacerse cargo del reino, que debe continuar con la misión ahora que el viejo rey ya no puede hacerse cargo.

De la misma manera que este reino hipotético, la vida de tu exmujer debe continuar, exactamente igual que la tuya. Debes aceptar su partida no solo porque no te queda más remedio, sino porque es el orden natural de las cosas: todo lo que termina debe morir definitivamente y ser sustituido por algo nuevo.

A esto me refería con lo de que hay que ser un poco filósofo.

Sacar un clavo con otro clavo

Hay algunos insensatos que, al darse cuenta de que lidiar con el hecho de que su exmujer está volviendo al mercado es bastante más desagradable de lo que les gustaría, intentan ser los primeros en liarse con otras para evitar el dolor. Y sí, lo habrás adivinado: esto es un error.

No me malinterpretes: liarte con chicas guapas es una de las grandes alegrías de la vida de todo divorciado; pero, para que la cosa salga bien en todos los sentidos, tienes que hacerlo desde la perspectiva adecuada. Creo que ya hemos hecho suficiente énfasis en la parte de las disfunciones sexuales sobre lo que puede implicar acostarte con otra mujer antes de estar preparado para ello, pero a lo que me refiero en este caso es a lo siguiente: usar a la mujer como paño de lágrimas no suele funcionar. O, mejor dicho, funciona... durante un tiempo muy limitado.

Cuando te acuestes con otra mujer, experimentarás una sensación curiosa: si lo has hecho todo bien y la cosa termina como Dios manda, una sensación de euforia recorrerá tu cuerpo y te sentirás tan pero tan bien que durante ese tiempo olvidarás los problemas que tienes ahora mismo con tu exmujer (tanto los materiales como los psicológicos). Esa es una sensación maravillosa.

La cuestión es que también es muy engañosa: durante ese breve instante, te sentirás estupendamente, como si no tuvieras ningún problema en tu vida, y puedes engancharte a esa sensación. No te culparía, de hecho: si de una forma tan sencilla como acostarte con otra mujer puedes conseguir que el dolor pare durante un tiempo razonable, lo normal es que repitas todas las veces que puedas. Y el verdadero problema sería que sacaras la conclusión de que eso es lo que debes hacer para avanzar en el proceso.

Yo creo que, llegados a este punto, nadie en su sano juicio cree de forma explícita que tirarse a muchas mujeres (o muchas veces a la misma mujer) es la forma de superar ningún problema psicológico, pero no hace falta que pienses eso de forma consciente: con que lo sientas así, es suficiente.

No solo en consulta, sino en mi vida personal (soy una persona después de todo), he conocido muchos hombres que buscaron ahogar sus dolores en multitud de mujeres, perdiéndose en el proceso. Porque, sí, puedes irte con una y con otra, pero al final del día sabes quién eres y de dónde vienes. El problema no es que puedas o no ahogar tu dolor con sexo; el problema es que no puedes estar practicando sexo durante las 24 horas del día durante el resto de tu vida.

Uno de los grandes problemas que existen con la gestión de las rupturas en general y con este tema en particular es que las personas malentienden el proceso, por intentar extrapolar lo que sucede con las heridas físicas.

Cuando te rompes una pierna, el médico te revisa, te hace pruebas y seguidamente te escayola para que guardes reposo durante el tiempo suficiente para que los huesos vuelvan a soldar. A continuación, te receta una serie de calmantes para que los dolores que te causará la ruptura remitan durante el tiempo que tarde tu pierna en sanar por sí sola.

Y aquí se encuentra el problema. En que, en términos técnicos, la pierna no sana «por sí sola». No es una cuestión de magia que pase así como así, de repente, sino de la capacidad de regeneración celular que tiene nuestro organismo: mientras nosotros «reposamos», las células de la pierna trabajan para irse regenerando y devolver el hueso a su sitio.

Hay gente que piensa que el dolor de una ruptura es algo que remite con el tiempo, llegando a decir frases como que «El tiempo todo lo cura», pero esto no es así. Igual que las células del organismo trabajan para regenerar nuestro cuerpo, nosotros debemos trabajar para regenerar nuestras emociones, redirigir nuestros patrones en direcciones más positivas y, en general, para cerrar la herida emocional. El tiempo no cura nada, caballeros; el tiempo te da el espacio suficiente para que cures tú por tu cuenta.

El que quiere sacar un clavo con otro clavo lo que está haciendo es utilizar a la mujer o a las mujeres como si fueran los calmantes del traumatólogo: va de flor en flor para hacer que su dolor remita, con la esperanza de que, poco a poco, la ruptura vaya sanando.

Tienes que saberlo: la ruptura solo sanará si haces cosas activamente para sanarla. Tú solo olvidarás a tu ex si haces movimientos específicos dirigidos a olvidarla, porque, como podrás imaginar, diez, quince o veinte años de matrimonio no se olvidan así como así. Tienes que ser serio.

Esto no significa que no tengas que acostarte con otras mujeres. Claro que lo tienes que hacer. Con lo que tienes que tener ojo es con no olvidar que, más allá de si estás en la cama con una o con otra, tienes que hacer tus deberes emocionales. Que la manera de juzgar cómo de «bien» estás no es poner el barómetro solo cuando acabas de tirarte a una o cuando estés ligando. Sabrás que estás bien cuando te sientas bien no solo el viernes por la tarde o el sábado por la noche, sino también el domingo por la mañana o el martes por la tarde.

Así que tómate tu proceso en serio. Igual que un constructor, ve paso a paso, con el cuadro final en la cabeza, pero recordando que hay un procedimiento que debes seguir y que no puedes apresurar.

Sobre todo, recuerda que, para olvidar sexualmente a tu ex, no se trata de una cuestión de sustituirla en la cama por otras mujeres, sino de sustituir la imagen que tienes de ella en tu corazón, por un espacio libre desde el que puedas operar con tranquilidad y tener aventuras con distintas mujeres.

Y como de sentimientos va la cosa, cerramos el capítulo del sexo y nos vamos a hablar un poco sobre emociones.

3.
Qué puedes esperar a nivel emocional

«El dolor es inevitable, el sufrimiento es opcional».
Siddharta Gautama

Últimamente está muy de moda la divulgación en salud mental, y eso es algo bueno por una parte y terrible por otra. Es bueno porque cada vez hay más información sobre temas que antes eran tabú, y porque se va viendo como algo normal no solo ir al psicólogo, sino el propio hecho de hacer trabajo interior. Pero es malo, por otra parte, porque, al haberse convertido en una moda, todo el mundo quiere subirse al carro, aunque no tengan los conocimientos necesarios para ello.

Hoy día abres Instagram para buscar psicólogos y te puedes encontrar cualquier cosa. Uno te aconseja que hagas *x*; otro te indica que hagas *y*. Uno dice que las fases del duelo son cinco; otros, que son seis. ¿Cómo saber quién tiene razón y quién está equivocado?

A lo que quiero llegar es a que es posible que, especialmente en este capítulo, te encuentres con información que no esté del todo acorde o que incluso vaya frontalmente en contra de todo lo que hayas oído previamente acerca de la mente y de las emociones. Cuando eso pase, porque pasará, recuerda lo siguiente: esto es un manual de acción. Se trata de una hoja de ruta, no de un tratado científico. No pretendo resumir cómo funcionan a nivel psicológico todas las rupturas, sino explicarte cómo funcionan los divorcios para los hombres, basándonos no solo en el conocimiento técnico, sino en la experiencia acumulada trabajando con todos los casos del gabinete. Ten esto en cuenta a lo largo de este capítulo en particular.

Dicho lo cual, vamos al lío.

Las fases de la ruptura

Hay una serie de fases por las que vas a pasar a lo largo de tu divorcio, y es importante que las conozcas para que puedas saber si estás en el buen camino o si te has quedado atascado en algún punto. Distintos autores nos dan distintos números de etapas, pero, resumiendo al máximo, nos encontramos con cuatro fases bien diferenciadas: negación, tristeza, ira y aceptación, en ese orden. Vayamos desgranando cada una de ellas para que puedas saber qué te espera en cada etapa.

1. Negación

La primera etapa de la ruptura es la negación. Y, ojo, quiero que se me entienda: no se trata de una negación literal, en la que tú niegues la realidad de que la relación se ha roto. Se refiere más bien a que todavía tu mente no ha terminado de encajar el golpe ni de entender realmente qué es lo que está pasando.

Imagínate que una noche sales a cenar con los amigos a un buen restaurante. Os apretáis un montón de platos, como auténticos salvajes (para una vez que sales...), con la mala suerte de que comes algo que estaba pasado.

En el momento, no te vas a dar cuenta. Seguirás con la cena, pasándolo bien con los colegas, postrecito y para casa. Todo en orden, aparentemente, hasta que a las tantas de la mañana, cuando toda la comida se ha ido abriendo paso por tu sistema digestivo, te sienta mal y estás reventado de la tripa.

Con los divorcios pasa algo parecido. Aunque tú sepas lo que está pasando, que te estás separando de la que pensabas que era la mujer de tu vida, algo dentro de ti no termina de encajarlo y te encuentras mejor de lo que pensabas. Sí, es difícil, pero... no tanto.

Es siempre así al principio.

En esta primera fase, normalmente te encuentras bastante bien para la dificultad del trance que se te viene encima. Aún en los casos en los que es decisión de ella separarse, no estás tan mal dentro de lo que cabe: piensas en todo lo que vas a poder hacer ahora que estás soltero, en que por fin vas a dedicarte tiempo a ti mismo y que, en el fondo, no va a ser para tanto. Ya lo siento, macho, pero esta es una situación puramente ilusoria.

Normalmente, la fase de negación no suele durar mucho. Los hombres más testarudos, a los que les cuesta más adaptarse a los cambios, pasan más tiempo en este primer paso, pero habitualmente no se suele estar más de dos o tres semanas en negación. Pasado este tiempo, es cuando realmente empiezas a encajar la dureza de lo que ha ocurrido, y es cuando entras en la siguiente fase.

2. Tristeza

Aquí es cuando te vienes abajo. Tras esa primera etapa de encajar el golpe, por fin empiezas a darte cuenta de lo que ha sucedido. Acusas la falta de tu ex, y lo de empezar con otros hábitos, con eso de una nueva vida, se te hace más cuesta arriba de lo que imaginabas. Supongo que no hace falta que te lo explique, pero esta es la peor época. Lo que sí que no te esperas es que te diga que también es la mejor.

La peor porque tienes el cien por cien del dolor de la ruptura sin una sola de las ventajas de haber roto. Te ves obligado a tomar muchas decisiones, muy importantes, muy deprisa, y me refiero a la clase de decisiones que te acaban cambiando la vida. Es normalmente en esta etapa en la que se comunica la decisión final a los hijos, porque, al fin y al cabo, en la anterior fase de negación no sueles estar ni medio preparado para dar ese paso; así que el trago amargo de explicarles a los niños que ya no estás con la madre es algo que te toca pasar ahora.

Pero también es la mejor fase por lo siguiente: es aquí cuando se decide cuánto va a durar el proceso de sanación de la ruptura. En función de cómo se maneje esta etapa de tristeza, puedes superar tu ruptura en tres o cuatro meses, o se te puede alargar... indefinidamente incluso.

Probablemente ahora estés mirando este libro con cara de marciano y preguntándote qué cojones quiero decir. Pues ahí va:

Las ratas son animales muy interesantes. Sabrás que son de los roedores más inteligentes, se pueden colar prácticamente en cualquier lado y son muy pero que muy peligrosas, particularmente las callejeras. Pero, eso sí, normalmente no te van a atacar, porque también son muy cobardes.

Si alguna vez has intentado matar a una rata, lo sabrás: mientras el animal tenga una vía de escape, no se lo va a plantear dos veces y correrá como alma que lleva el diablo hasta dejarte atrás. Pero, ay, si la acorralas, dejándola sin escapatoria posible... Ahí es cuando saltará a por ti, a hacerte el máximo daño posible.

Pues bien, la mente de los hombres es como esa rata hipotética. Puedes tirarte meses, años, incluso décadas, ignorando las cosas que te duelen, intentando enterrar tus ansiedades o ahogar tus penas, a menos que esos dolores emocionales lleguen a acorralarte.

Las mujeres tienen una fluidez emocional brutal, y por eso pueden llorar en un instante; al siguiente enfurecerse, y al siguiente están radiantes y riendo de alegría otra vez. Pero los hombres no somos así. Generalmente, a nosotros nos cuesta más atravesar las emociones. Antes de que me lo niegues, piénsalo: si eres un hombre masculino en el término más clásico de la palabra, estás acostumbrado a tener que ser sólido y confiable, tanto en el trabajo (ni de coña te verá jamás llorar un compañero de la empresa) como con la familia, ya que, al suponer generalmente el pilar sobre el que se asientan los demás, no puedes derrumbarte delante de ellos precisamente.

Los hombres tenemos un mal hábito consistente en negar lo que sentimos pero, aun así, agarrarnos a ello. Podemos estar dándole vueltas a una obsesión durante semanas antes de querer admitir de puertas para afuera que estamos molestos por algo que ha pasado o que alguien nos ha dicho. Llevamos ese dolor por dentro, y las pocas veces que llegamos a admitir ese dolor lo tenemos clavado en las costillas hasta que, de alguna manera, logramos sacárnoslo.

Cuando la fase de tristeza no es tan dolorosa, puedes ignorar el dolor con mayor o menor éxito. El sufrimiento pasa a ser más bien como un pinchazo en alguna parte de tu cerebro, que te molesta en el día a día, pero que te deja vivir. Esta te podría parecer una buena solución, pero lo malo de que sobrelleves la tristeza de esta manera es que el malestar va creciendo con las semanas y, a veces, los meses, hasta que te estalla en la cara.

Generalmente, los duelos de larga duración, aquellos en los que un hombre se tira llorando a la misma ex durante seis meses, año y medio, o más, no son otra cosa que el resultado de intentar ignorar la etapa de tristeza hasta que esta se pase por sí sola. Ya te advierto que estos duelos son los más complicados de desarmar y, en el largo plazo, involucran un sufrimiento notablemente mayor.

En lugar de eso, los hombres que atraviesan una fase de tristeza más virulenta tienen un potencial mucho mayor de superar la ruptura más rápido y de salir reforzados de la misma. El dolor es tan agudo y el sufrimiento tan insoportable que no tienen más remedio que enfrentarse a la realidad de lo que les ha pasado, para empezar a procesar y comprender la ruptura. Cuando consigues empezar a procesarlo todo, es cuando pasas a la siguiente fase.

3. Ira

Una vez que ya has empezado a procesar todo lo ocurrido, es cuando también comienzas a desidealizar a tu ex y, entonces, ciertas piezas van encajando en tu cerebro de forma diferente.

«Frena, Arturo, ¿a qué te refieres con "idealizar"?», puede que me preguntes. Me explico: «idealizar» supone crear una imagen en tu cabeza de esa persona que no se corresponde con la realidad exactamente. Cuando idealizas a tu pareja, tamizas todas tus interacciones con ella y reinterpretas lo que ella hace (o hizo) a través de esa visión que has creado en tu mente. Todos los recuerdos los dulcificas a través de esa imagen, la cual, recordemos, puede ajustarse a la realidad hasta cierto punto.

Probablemente pienses que no has idealizado a tu ex, que eres consciente de que no es una mujer perfecta ni mucho menos y que la ves de manera totalmente fiel a la realidad. Pues ya lo siento, pero te equivocas. Tú has idealizado a tu expareja. Y antes de que tires este libro por la ventana, te voy a explicar por qué.

Todas las personas tienen aspectos positivos y negativos, hasta aquí podemos estar de acuerdo. Ojalá existiera la mujer perfecta, pero ya te digo que esto es totalmente imposible, igual que tampoco existe ningún hombre perfecto. Pero, claro, el amor consiste en aceptar completamente a la otra persona y quererla con todas sus características, incluyendo también las negativas, lo cual añade un problema que debemos poner encima de la mesa: aceptar los defectos de la pareja es profundamente difícil. Porque, cuando decimos que las personas son imperfectas, no nos referimos a pequeños defectos, sino a que absolutamente todas las personas tienen al menos un gran defecto. Un gran «pero» que hace que nos replanteemos si de verdad queremos comprometernos. Y esos son los defectos difíciles de aceptar.

Cuando empiezas con una pareja, en un pequeñísimo porcentaje de casos, lo haces desde la consciencia y desde el conocimiento profundo de cómo es esa persona y qué precio vas a pagar por estar con ella. Todo esto suena muy bien, pero en la gran mayoría de casos, en lugar de hacer esto, lo que haces es pasar de puntillas por encima del gran defecto de la otra persona sin pensarlo demasiado. Intentas ignorar ese defecto hasta que tu mente sencillamente no lo ve (ahora ten huevos de decirme que nunca has hecho esto).

Y así es como sucede la idealización: poco a poco, tu cabeza va generando razones o, mejor dicho, excusas para interpretar el comportamiento de la pareja de la forma más benevolente hacia ella. Los desplantes que ella tuvo contigo, sus malos hábitos, todas aquellas putadas que tuviste que comerte, toda esa información es maquillada por tu mente hasta que tiene un aspecto diferente. Así, no es que tu ex no te priorizara y te dejara tirado, sino que «era muy independiente». No es que ella te gritara y te tratara mal, es que «tenía muy mal genio».

La información que puede ser tergiversada es manipulada por tu mente hasta que parece diferente, y los aspectos que son demasiado feos como para ser reinterpretados (como, por ejemplo, un maltrato psicológico muy violento) a veces incluso desaparecen de tus recuerdos por completo, ya que tu mente les pone un manto negro por encima para que te olvides de ellos lo más rápido posible.

Así que, en resumen, hasta que aprendemos realmente a elegir a la pareja (cosa que, como hemos comentado en el capítulo anterior, no sabemos) y a aceptar sus defectos cuando estos son aceptables, todas las personas idealizamos a nuestras parejas.

Volviendo a lo que nos ocupa, la fase de ira es aquella en la que las idealizaciones van cayendo y empiezas a ver quién era tu expareja en realidad. La ira entra en juego en el momento en el que te das cuenta de que… has sido engañado. No ya necesariamente por tu ex, sino por tus propias ilusiones e idealizaciones. A medida que vas comprendiendo la situación, vas encajando la realidad de todas aquellas malas jugadas que tu ex ha podido hacer en tu contra y te sientes resentido contra ella.

Llegados a este punto, debo aclarar algo importante: la ira es buena, o por lo menos puede serlo, si aprendemos a canalizarla por el lado apropiado. Una ira controlada te puede ayudar a dar los pasos necesarios para seguir avanzando hasta olvidar a tu ex completamente, y también puede facilitarte aprender de esta situación para nunca más repetirla en un futuro. Pero debes tener cuidado también porque la ira podría mantenerte clavado en esta situación, complicándote pasar página. Más adelante, en este mismo capítulo, hablaremos más sobre cómo manejar esta emoción para poder seguir adelante tras esta dura etapa del divorcio.

Y una vez que has conseguido pasar a través de toda tu ira, llegas a la fase final: la aceptación.

4. Aceptación

Estar en fase de aceptación no significa que hayas conseguido que todo te dé igual. La aceptación es la parte final del proceso, en la que vas poco a poco encajando que todo lo que ha sucedido entre tu ex y tú tiene su sentido. Puede gustarte más o puede gustarte menos, pero, amigo, esto es lo que hay.

Hay dos maneras de estar enganchado a alguien: a través del amor y a través del odio. Y mientras te mantengas en algún punto dentro de este continuo, no conseguirás librarte del recuerdo de tu ex.

Algunos hombres intentan superar a su ex trayendo a su mente todas las putadas que ella les ha hecho. Eso les hace dejar de sentir tristeza, efectivamente, pero porque la están intercambiando por ira. Y no los culpo: el dolor de la tristeza es mucho mayor que el causado por la ira, o eso es lo que los hombres pensamos. Al fin y al cabo, ¿quién parece más fuerte: un tío que está todo el tiempo enfadado o uno que está todo el tiempo triste? Ahí lo tienes.

La cosa está en que esto no te permite superar a tu ex, lo único que hace es mantenerte constantemente en la fase de la ira, sin posibilidad de seguir avanzando. No querrás volver con tu ex (en teoría), pero lo cierto es que ella supondrá tu primer pensamiento en la mañana y el último en la noche, aunque sea para cagarte en su estampa.

No, la ira no es la solución. La indiferencia es, en cambio, lo que tenemos que buscar.

Estar en fase de aceptación supone comprender que has sido (probablemente) un gilipollas a lo largo de la relación y que tu ex también tiene lo suyo, pero que tampoco le vas a dar muchas más vueltas. En la aceptación es donde encuentras el camino más allá de la ruptura, hacia tu nueva vida.

A veces, vista desde fuera, la aceptación se puede confundir con la tristeza, ya que involucra un estado de ánimo más bien bajo y relativamente ralentizado, pero hay una diferencia fundamental: ya no hay melancolía. No hay deseos de volver atrás, solo de seguir caminando hacia delante para encontrar nuevas aventuras y continuar.

Es un largo camino, pero podemos llegar. Para ello, vamos a hablar de una de las herramientas más importantes que necesitarás.

Exterioriza tu dolor

¿Quieres saber algo curioso? Entre los estudios que se han hecho al respecto, se ha encontrado que, aunque los hombres solemos ser los primeros en encontrar una nueva pareja estable tras la ruptura, las mujeres en promedio superan antes el dolor de la ruptura. ¿Por qué demonios pasa esto? ¿No es que éramos iguales?

Si has llegado hasta aquí leyendo, es porque sabes igual de bien que yo que, ya sea por biología o por cultura, las mujeres y los hombres NO somos iguales. Por eso hay circunstancias que vivimos psicológicamente de formas no solo diferentes, sino diametralmente opuestas en muchas ocasiones.

Con respecto a las rupturas, hay una diferencia fundamental entre hombres y mujeres. Cuando un hombre lo deja con la que pensaba que era la mujer de su vida, suele recluirse dentro de sí mismo. Se lo cuenta a sus allegados, pero procura no ponerle demasiado énfasis, intenta no hacer un drama. Sí, lo pasa mal, pero de puertas para adentro, en la intimidad de su casa o de dondequiera que esté en esta nueva etapa de su vida. En cambio, ¿qué es lo primero que hace una mujer? Contarlo. Con pelos y señales. A todas sus amigas.

Cuando tu ex y tú lo dejáis, generalmente ella se lo cuenta a todo su círculo o a la mayoría del mismo, con todo lujo de detalles. Qué ha pasado, cómo ha pasado, todo lo que le duele. Llora y se desgañita, grita y se desmorona en los brazos de sus amigas. Y esto, aunque para muchos hombres supone un motivo de burla hacia las mujeres, es un mecanismo muy potente que es precisamente la razón por la que ellas lo suelen superar mucho más rápido que nosotros.

El lenguaje es pensamiento exteriorizado, y el pensamiento es lenguaje interiorizado. Cuando hablamos, cuando contamos las cosas, les damos forma en nuestra cabeza. Jugamos con los conceptos, les damos la vuelta, elaboramos sobre ellos y los encajamos en nuestros esquemas mentales.

Me preguntarás qué tiene que ver esto con contarle nuestras penas al personal, pero, tranquilo, que enseguida llegamos a eso. Para explicar este punto, siempre me gusta contar la historia de Aquiles.

Si sabes un poco sobre mitología, me imagino que conocerás su figura: Aquiles fue un héroe legendario de la Grecia clásica que, según se cuenta, era invencible. O, mejor dicho, casi invencible: se decía de Aquiles que su madre Tetis, cuando él era bebé, sumergió el cuerpo del niño en el agua mágica de la laguna Estigia (el límite entre los vivos y los muertos) para, de esta forma, conferirle invulnerabilidad total ante cualquier arma. La única cuestión es que Tetis no había sumergido literalmente todo el cuerpo de su hijo, ya que ella tenía que sujetar al bebé de algún modo, y la madre no podía tocar el agua.

De esta forma, agarró al niño del talón, que quedó fuera del agua y, por lo tanto, no recibió la bendición de la invulnerabilidad. Pero ya sería mala suerte que alguien fuera a atacarle directamente al talón, ¿no? Así, Aquiles creció sabiéndose invulnerable y se convirtió en el guerrero más formidable de todos, ya que literalmente no podía morir.

O eso creía él, pues en la guerra de Troya a alguien se le ocurrió lanzarle una flecha envenenada con tan mala suerte para el héroe que dicha flecha se le clavó en el talón, causándole una herida terrible en primer lugar y después la muerte.

Aquiles no murió por tener un punto débil. Aquiles murió por no conocer su punto débil y por ignorar las repercusiones de tener dicha debilidad.

Los hombres evitamos hablar sobre lo que nos duele, porque pensamos que eso nos hará débiles. Suponemos que hablar sobre el dolor nos focaliza en él, quitándonos fuerza y agudizando las repercusiones del mismo. Así, pasamos por encima de estos temas de puntillas o directamente los evitamos, pero este es un grave error. En realidad, el mecanismo funciona al revés: no reconocer lo que nos hace daño es lo que nos hace vulnerables. Ocultamos a los demás nuestro sufrimiento pensando que eso nos hará más duros, pero verdaderamente lo que estamos haciendo es generar un punto ciego en nuestra mente tan grande que puede terminar por destruirnos, sobre todo cuando se trata de algo tan demoledor como es el dolor por el divorcio. No puedes permitirte generar un talón de Aquiles en mitad de tu mente.

Aquí tú podrías decirme, con toda la razón del mundo, que un hombre no puede ir por ahí exteriorizando todo lo que siente, ya que esto podría suponerle más de un problema, al mostrar sus puntos débiles delante de la gente, que podría eventualmente intentar usar esa información para hacerle daño. Y tienes razón, pero te diré algo.

Exteriorizar lo que sientes no implica hacerlo delante de literalmente todo el mundo. Hay que hacerlo con técnica. Se trata de que seas sincero con respecto a lo que sientes, delante de las personas adecuadas. Al fin y al cabo, un amigo es alguien que, entre otras cosas, te cuida las espaldas, pero ¿cómo carajo te va a cuidar las espaldas alguien que no sabe dónde tienes la espalda?

En definitiva, hablar sobre lo que sientes y reconocer tus vulnerabilidades te ayudará tanto a ser más consciente de ellas y, por lo tanto, a protegerte mejor como a poder avanzar en tu camino de superación hasta el momento en el que tu ex por fin ya no te importe.

Emociones más frecuentes

Bien, ha llegado el momento de meternos en el barro.

En esta sección vamos a hablar precisamente de los puntos de dolor más virulentos de los procesos de separación. Nadie dijo que sería fácil, pero a mí no me pagan por decirte lo que quieres oír, sino por decir la verdad.

A continuación, vamos a desgranar los dos miedos y tristezas más habituales a los que los hombres nos enfrentamos en este tipo de procesos y que me encuentro día a día en consulta. Es importante que entiendas que la forma en la que tú vivas esta etapa de tu vida puede ser muy distinta a la manera en que lo hará tu exmujer, ya que, al ser este un proceso multivariable (hay involucrados aspectos emocionales, económicos, sociales, biológicos...), los disparadores emocionales que ponen sobre la mesa unos miedos u otros pueden ser muy diferentes, particularmente entre hombres y mujeres.

Por eso, algo importante que quiero dejar encima de la mesa antes de que empecemos con este análisis es lo siguiente: no intentes compararte con tu exmujer. Algo muy habitual en los divorcios es mirar de reojo a tu ex para ver «cómo lo está pasando ella», e incluso, frecuentemente, intentamos competir. Esto solo nos va a llevar normalmente a frustraciones, porque las reglas que regulan su proceso de superación y el tuyo son muy pero que muy diferentes, y, por lo tanto, tanto la velocidad a la hora de superar ciertos puntos como la virulencia de ciertos procesos serán diferentes en su caso y en el tuyo. Para cada una de las emociones más típicas distinguiremos también a estos efectos las diferencias que existen entre hombres y mujeres, para que no caigas en la tentación de compararte con ella.

Vamos a ello.

1. El miedo a la soledad

La idea de perder a la persona o de ser abandonado es uno de los principales disparadores de la tristeza en estos procesos, y no es raro. ¿Cuánto tiempo hace que tu ex y tú estabais juntos? ¿Cinco, diez, quince años? Llevas tanto tiempo estando con ella que prácticamente te has olvidado de cómo era vivir tu vida por tu propia cuenta, sin la mediación de nadie, con lo que es normal sentir malestar ante la idea de quedarte solo.

El concepto de la soledad es posiblemente uno de los peor entendidos de la vida psicológica de la gente. Casi todas las personas —unas más, otras menos— tienen miedo a quedarse solas, ya sea a nivel consciente o inconsciente. Y es cierto que hay un componente biológico en todo esto, en el sentido de que, objetivamente hablando, es peligroso en cierto modo estar constantemente solo, sí. No te voy a mentir: si sufres cualquier eventualidad, eres solamente tú ante el peligro, pero este componente queda descartado desde el momento en el que, afortunadamente, vivimos en el primer mundo, tenemos teléfonos móviles y es relativamente difícil que te puedas morir porque te pase algo estando solo.

No, ese miedo a estar solo tiene más que ver con un componente subjetivo, puramente emocional, algo así como el miedo al rechazo, pero de una manera más profunda, mucho más grave. ¿De dónde viene exactamente este miedo?

Todas las personas necesitamos sentirnos aceptadas y respetadas por nuestro entorno. De alguna manera, cuando somos aceptados por el entorno, nos sentimos bien y tranquilos, ya que el resto de nuestros iguales están validando lo que decimos o hacemos. Nuestra cultura existe y se replica a través de los siglos porque todas las personas tendemos a hacer lo mismo que los demás hacen, con el objetivo de conseguir esa aprobación que tanto necesitamos. Y así, las personas que más se pliegan a las convenciones sociales, es decir, que más se ajustan a la «normalidad», son las que suelen tener más éxito entre la gente.

Así es como la mente humana hace la asociación entre tener muchos amigos/estar acompañado y hacer las cosas bien. Y por esa misma regla, cuando estamos solos, tendemos a sentirnos peor: porque, de alguna manera, nuestra mente extrae la conclusión de que no nos estamos ajustando a las leyes sociales y, por lo tanto, no estamos haciendo las cosas bien. Como no hacemos las cosas bien, la gente no nos quiere tener alrededor y por eso somos rechazados.

Si lo piensas, quedarte sin mujer es, según esta óptica primitiva, la forma definitiva de rechazo: la persona que más sabe sobre ti y que, en teoría, más debería quererte no te aguanta lo suficiente como para querer mantener su relación contigo.

Sí, suena verdaderamente jodido, pero es que la mente inconsciente piensa en estos mismos términos.

Algo que siempre explico a mis clientes es que no puedes eliminar un patrón ancestral de tu mente así porque sí. Parece de cajón, pero en estos tiempos, con tanta gente hablando de sanar patrones y de cambiar automatismos, parece que pudiéramos hacer literalmente cualquier cosa y contrarrestar cualquier patrón. Pero esto es absolutamente mentira.

No puedes eliminar un mecanismo adaptativo que viene de hace millones de años, porque está codificado de forma directa en tu material genético. Lo que sí puedes hacer es canalizarlo de una forma diferente. Me explico: tú nunca estás solo, en ningún momento. Siempre hay alguien a tu lado, y ese eres tú.

Puede que esta frase te suene a filosofía barata, pero tiene mucho más poder del que piensas. Porque, al fin y al cabo, el mecanismo de «Me quedo solo porque no me validan» es *hackeable* desde el punto de vista de «Yo elijo si soy válido o no; por lo tanto, nunca estoy solo». Porque, en el fondo, lo más importante no es el juicio ajeno ni el vínculo que tenemos con los demás, sino la relación que mantenemos con nosotros mismos. Y nuevamente, esto te puede sonar a frase de Paulo Coelho, pero te aseguro que funciona exactamente así.

Mira, por mi forma de trabajar, tengo muchos clientes que tienen una posición económica especial. Cada uno es importante en su sector, tiene empleados a su cargo y, por supuesto, una buena posición económica. He tenido el placer incluso de visitar a algunos de ellos, desde una perspectiva más personal y menos terapéutica, a sus hogares, para familiarizarme más con su día a día, y me he encontrado algunas de las casas más suntuosas que he visto nunca.

Pues bien, de nada les sirve a estos hombres tener chaletazos, coches caros o carteras de inversión verdaderamente impresionantes si se llevan mal consigo mismos. Porque, cuando te sientes mal contigo mismo, es como si tuvieras una china en el zapato pinchándote sin parar. En la medida en la que inviertes en tu relación contigo es como te vas encontrando mejor y tendrás menos necesidad de estar rodeado de gente. Echarás de menos a tu ex, como es natural, y seguirá siendo recomendable que compartas lo que sientas con tus amigos, pero desde una perspectiva más armónica y tranquila, que es lo importante.

¿Cómo viven este miedo a la soledad las mujeres? Pues bien, aunque evidentemente ellas también tienen este miedo, es importante dejar claro que para ellas esto suele suponer un problema menor que para los hombres, por dos motivos. El primero, porque, como hemos comentado, ellas son más comunicativas con sus emociones. Al tener una red mayor de apoyo emocional, la soledad no duele tanto, porque realmente no están solas, así que digamos que lo tienen fácil para combatir este miedo. El segundo motivo es por algo de lo que, seguramente, ya te habrás dado cuenta: las mujeres lo tienen bastante más fácil para rehacer su vida que los hombres.

Vamos, no me digas que nunca antes lo habías pensado. Un hombre que quiera salir una noche y ligar con chicas puede tener más o menos éxito en función de sus habilidades como seductor, su apariencia física y, por supuesto, de la suerte; pero, normalmente, ellas lo único que tienen que hacer es mostrarse disponibles y elegir, de entre todos los hombres que intenten ligar con ellas, el que más les guste.

Ojo, no estoy diciendo que para las mujeres sea más sencillo establecer una relación satisfactoria basada en una conexión profunda y una confianza mutua; pero lo que sí es verdad es que ellas lo tienen algo más fácil para capear esta soledad. Así que, si tu ex consigue rehacer su vida antes que tú, no te lo tomes demasiado a lo personal, pues ella está haciendo lo que está en su mano para evitar su soledad y, objetivamente hablando, lo tiene más fácil en este aspecto.

2. El miedo al fracaso

El miedo al fracaso es una de las emociones más jodidas que acompañan al proceso de divorcio. Este es otro de los puntos donde los hombres tenemos un hándicap importante frente a las mujeres, y te voy a explicar por qué.

Los hombres somos, por lo general, más ambiciosos y competitivos que las mujeres. Por supuesto, ellas también pueden desear conseguir grandes objetivos y pueden competir por la victoria, pero, por lo general, no les motiva tanto esto como a los hombres. Y aquí viene una de las diferencias importantes en cómo entendemos las relaciones y la familia.

Me acuerdo de un buen cliente que tuve hace mucho tiempo, un empresario bastante exitoso que trabajaba duro para mantener su nivel de vida y proveer para sus dos hijos después del golpe de su separación. En una ocasión le pregunté qué era lo más doloroso para él en su proceso de divorcio, lo que más le estaba reventando, y su respuesta fue clara: fallar en el proyecto de familia.

Ahí fue cuando me empezó a dar vueltas la cabeza. Porque su ex le había puesto los cuernos, pero esto no era lo que más le había dolido. Ella le estaba intentando sacar todo el dinero que podía y lo amenazaba con denunciarlo si no cumplía con sus exigencias, y, sin embargo, esto tampoco era lo que más le molestaba. Lo que más le dolía era pensar que había fracasado en su proyecto personal de tener una familia.

¿Sabes? Los hombres somos máquinas de cumplir objetivos y, cuanto más masculinos, más concentrados estamos en esta parte concreta. Por lo general, independientemente de a qué se dediquen, todos los hombres necesitan tener una «misión», que puede estar alineada con su trabajo o no necesariamente, y en el cumplimiento de esta misión los hombres encuentran su felicidad.

Si observas a todos los hombres que conozcas, verás que no es más feliz el que tiene una vida más sencilla necesariamente, sino el que siente que está cumpliendo una misión o un objetivo que es importante o significativo para él. Precisamente por esto, uno de los aspectos más dolorosos para un hombre es vivir sin objetivo ni misión..., o fracasar en la misma.

Y es que los hombres tendemos a percibir la ruptura de la familia como un fracaso personal, como una muestra de que no somos suficientes. Y esto es un grave error. Porque la construcción y el mantenimiento de una familia amante y funcional es, para empezar, una tarea de dos. Por muy fuerte que parezcas, por muy inteligente que seas, por muy bien que ames a tu pareja, el éxito o fracaso del proyecto familiar no depende solamente de ti.

Yo siempre pongo el mismo ejemplo: para que una relación —y, por lo tanto, la familia— funcione en el largo plazo, hay que poner un mínimo del 90 % de la carne en el asador. ¿Qué es lo que pasa? Que tú solo posees hasta el 50 % de ese total. Tu mujer tiene el otro 50 %.

Aquí podrías decirme: «Bueno, Arturo, pero ¿de dónde viene eso de que hay que poner un mínimo del 90 % de la carne en el asador para que la pareja funcione? ¿Por qué el 90 y no el 60?».

Pues bien, por algo muy sencillo: hay cosas que no puedes hacer a medias, y las relaciones de largo plazo son una de ellas. Hay absolutamente tantísimos parámetros que pueden fallar, tantas cosas que pueden salir mal y tantas terceras personas que se pueden colar por medio que tienes que estar engrasando la máquina todos los días para que funcione. Por eso, hay que dejar muy muy poco margen de error si quieres que la relación siga funcionando de forma indefinida en el largo plazo.

Así que, volviendo a lo que comentábamos, aunque tú pongas el 100 % de tus fuerzas, como máximo solo llegas al 50, lo que significa que tu mujer tiene que poner casi el 100 % también para llegar al objetivo de mantener a la familia funcionando, por lo que es absurdo tomarte un potencial fracaso en este aspecto como algo relativo a tu propia valía solamente.

Y además, tenemos que tener en cuenta algo importante: como ya hemos comentado, cuando eliges a la pareja, generalmente no lo haces de manera consciente, pensando en las implicaciones profundas que tiene lo que estás haciendo y si será una persona verdaderamente compatible contigo en el largo plazo. Teniendo esto en cuenta, ¿cómo esperas que el funcionamiento de la familia sea perfecto a lo largo de los años, hasta el final de tu vida?

¿Sabes? El problema muchas veces es que tomamos como referencia las relaciones de nuestros abuelos. Las idealizamos y pensamos que así es como una relación debe ser: duradera hasta que abandonemos este mundo. Y no me malinterpretes, es genial tener una relación tan larga y fructífera que dure literalmente toda una vida, pero tenemos que ser conscientes de que no es oro todo lo que reluce. No quiero ofender, pero muy probablemente tu abuelo engañaba a tu abuela. Tu abuela, asimismo, también tenía secretos que jamás compartía con su marido. La relación se mantenía en el largo plazo, sí, pero… ¿a qué precio?

Y, ojo, no quiero decir que todos los abuelos del planeta se engañaran los unos a los otros. Lo que quiero decir es que los problemas humanos siempre han sido los mismos, independientemente de la época. Lo único que cambia es el marco legal que regula nuestras vidas y las creencias que están más extendidas en cada momento de la historia, por lo que los mismos problemas de desengaños amorosos dentro de la pareja, como infidelidades e insatisfacciones, también existían en la época de nuestros abuelos. Lo que no existía era el divorcio.

A lo que quiero llegar es a que, igual que no tienes que compararte con tu exmujer a la hora de ver quién «lo está superando mejor», también tienes que tener en cuenta que compararte con tus padres o con tus abuelos no es una decisión inteligente, porque tampoco jugáis con las mismas reglas.

El fracaso, para los necios, es un castigo; pero, para los sabios, es un maestro. Es interesante, ya que todas las personas quieren crecer y ser mejores, pero pocas están dispuestas a pagar el precio de este crecimiento, que es precisamente fallar.

Los niños, cuando aprenden a caminar, se caen de vez en cuando, haciéndose daño en los brazos y las piernas. Los jóvenes universitarios en ocasiones suspenden sus exámenes, haciéndose daño en la autoestima y en la cuenta bancaria, al tener que pagar de nuevo la matrícula de dicha asignatura. Y los adultos a veces fallamos en nuestras relaciones también.

Sé perfectamente que no es fácil ver algo tan duro como el divorcio como una gran lección en lugar de como un castigo, pero también sé que no hay otra forma diferente de verlo si queremos tomárnoslo de una manera constructiva que nos permita seguir avanzando.

Celos, territorialidad, infidelidad

A la hora de escribir esta sección precisamente, tuve un dilema importante sobre si incluirla en la parte anterior de las emociones más frecuentes en el divorcio o no. Finalmente, decidí dedicarle su propia sección, porque la territorialidad y los celos son de los procesos psicológicos más importantes tanto en la vida de las parejas como de las exparejas, y dejan una huella extremadamente profunda en tu psique.

Existe, en estos últimos tiempos, una corriente ideológica que nos habla sobre relaciones «abiertas», en las que una o ambas partes de la relación tienen permiso para sobrepasar ciertos límites de lo que tradicionalmente se considera razonable en la pareja. Según esta corriente, el sexo sería una cosa, y el amor, otra totalmente distinta; por lo que no existiría razón alguna para sentirse celoso con una pareja, ya que una cosa es lo que ella sienta por ti, y otra diferente es con quién se va a la cama.

Me imagino que habrá a quien esta fórmula le funcione, pero pregúntate a ti mismo: «¿Estaría dispuesto a dejar que otro tío se follase a mi mujer?». Formula la misma pregunta a todos tus amigos. Estoy seguro de que he adivinado tanto tu respuesta como la de, al menos, el 90 % de tu gente.

Sin ánimo de meterme donde no me llaman, a lo que quiero llegar es a que los hombres somos territoriales. Que sí, que nadie es de nadie, pero mi mujer es mi mujer. Y, ojo, no es que esto esté mal, es que es pura biología, y estamos genéticamente codificados para estar con nuestra mujer y defender «lo que es nuestro» (ya hablaremos de esto más en profundidad en el capítulo siguiente).

Dicho lo cual, ¿cómo afecta la infidelidad a los hombres?

Hay dos creencias fundamentales que mantienen las relaciones de pareja funcionando. Estas no son ideas que tengas necesariamente de forma consciente en tu cabeza, sino mandatos inconscientes que regulan tu interacción con tu pareja y la mantienen funcionando con armonía. Veámoslas:

«Mi pareja me va a priorizar y defender».

Esta es la creencia más *core* que subyace a la pareja: tú eres el primero para ella, satisfacer tus necesidades es lo más importante para ella (aparte de satisfacer las suyas propias, claro) y, dentro de lo posible, ella siempre va a priorizarte a ti por delante de los demás.

Una vez fui con mi familia a comer a un buen restaurante por la zona de Denia, en el que servían unos arroces espectaculares, y me acuerdo de que fuimos testigos de la discusión más surrealista que he visto en mucho tiempo. En la mesa de al lado había un grupo de amigos con sus respectivas novias, comiendo también. El caso es que la novia de uno de ellos ya no podía más con su plato y le ofreció los restos a todos los demás, a lo que el novio reaccionó muy negativamente: ¿cómo podía ser que ella ofreciera su comida sobrante a los demás amigos sin ofrecérsela primero a él?

En ese momento, disimulé la risa lo mejor que pude por lo ridículo de la situación, pero lo entendí perfectamente: ese hombre no se sentía priorizado. Y aunque este es un ejemplo tal vez algo desajustado de cómo se manifiesta esta creencia en las parejas, tenemos muchos más: cuando tu esposa prioriza a sus padres antes que a ti en una decisión importante relativa a vuestra pareja, cuando hace caso a sus amigas en lugar de a ti en un dilema relativo a los niños... Estas situaciones sí te resultan más familiares, ¿verdad?

«Soy la persona a la que más desea mi pareja».

Aunque la existencia de Henry Cavill nos haya puesto las cosas bastante complicadas a los hombres en este sentido, a lo que se refiere esta creencia es a que, en lo relativo a los impulsos sexuales de tu pareja, tú también eres lo primero. Porque, sí, pueden existir otros hombres que también le resulten atractivos, pero, al final del día, con quien se va a la cama y con quien mantiene relaciones es contigo, no con ningún otro.

El matrimonio es, entre otras cosas, un «compromiso de permanencia» con la misma persona a lo largo de los años, independientemente de los cambios físicos que sobrevendrán con el tiempo. Y esto tiene su parte mala, evidentemente, pero también su parte buena, porque esos cambios físicos también te sobrevendrán a ti, y pensar que tu pareja se mantendrá fiel, a pesar de que, probablemente, te deje de crecer tanto el pelo y te empiece a crecer bastante más la tripa, es algo que desde luego supone un alivio para más de uno.

A lo que quiero llegar es a que, para que una relación de largo plazo prospere, debe imperar la creencia de que ella nunca, bajo ningún concepto, va a preferir irse con otro hombre antes que contigo.

Cuando tu mujer te es infiel, pasan muchas cosas en tu mente, pero lo primero que sucede es que estas dos creencias se van a tomar por culo. Tu pareja no solo no te ha priorizado a ti, no solo no te ha respetado sexualmente, sino que ha preferido irse a la cama con otra persona, violando todos los compromisos que estableció una vez contigo. Y ahora es cuando llega el momento de preguntarse de quién es la culpa. Y está claro que a nivel emocional no es lo más inteligente buscar culpables, pero te aseguro que estos son los términos en los que piensa tu subconsciente.

Los hombres somos máquinas de resolver problemas. Desde pequeños se nos enseña que cada problema tiene una solución y que, si no encuentras esa solución, no es porque no exista, sino porque, sencillamente, aún no te has dado cuenta de dónde está dicha solución. Esta es una buena creencia que nos enseña a tener una actitud proactiva a la hora de resolver problemas, y constituye uno de los pensamientos básicos de todo hombre de éxito.

La cuestión es que resulta también una espada de doble filo, pues pensar que todos los problemas tienen al menos una solución que tú puedes aplicar conlleva asumir que tú también tienes una parte de responsabilidad dentro de ese problema, por no prevenirlo o por no haberlo arreglado antes. En pocas palabras, significa que es fácil pensar que, si te han puesto los cuernos, es por culpa tuya, lo cual no solo es inexacto, sino también extremadamente lesivo para tu autoestima.

La infidelidad es un fenómeno más antiguo que el tiempo, y bastante complejo también. Porque, claro, aquí llega la pregunta del millón de dólares: ¿por qué las personas somos infieles? Tratándose de alguien normativo, sin trastornos de personalidad o patrones de conducta demasiado desajustados, las personas suelen ser infieles en las relaciones de largo plazo porque sienten que les falta «algo»: generalmente, ese algo puede ser cariño o puede ser pasión.

1. Infidelidad por falta de cariño

Vamos a ser puramente técnicos: cuando una mujer te pone los cuernos por falta de cariño, no es porque tú no la quieras necesariamente, sino porque ella no se siente priorizada como le gustaría. Así, en el fondo, esta no es una cuestión de más amor o menos amor, sino de pura dedicación o, mejor dicho, de percepción de la dedicación. Sí, suena a chino, pero lo vas a entender enseguida:

Una vez tuve un cliente que tenía problemas con su pareja, y este era un caso algo diferente de lo que suelo trabajar, ya que llevaban una relación abierta y ambos mantenían encuentros con otras personas. Los dos tenían claro que el uno era el más importante para el otro, pero, dejando eso aparte, cada uno echaba sus canas al viento de vez en cuando. La cuestión es que, en una ocasión, la pareja de él se quejó de que no pasaba el suficiente tiempo con ella. Le reclamaba que estaba siempre con sus amigos, con su familia y con las otras chicas con las que quedaba, pero que no le dedicaba el tiempo suficiente a su relación.

Mi cliente se propuso demostrar que ella se equivocaba y que él aportaba mucho tiempo y dedicación a la pareja, ya que pensaba que así ella se calmaría y dejaría de reclamarle. Por eso, se dispuso concienzudamente a preparar un Excel en el que se describían de manera detallada las horas que él pasaba a la semana en según qué actividades, con según qué personas. Y no solo eso, sino que se calculaba en dicho documento la parte porcentual que él confería a la relación, pudiendo hacer un análisis y una comparación cuantitativa para salir de dudas sobre si, efectivamente, él destinaba (o no) más o menos tiempo a su pareja.

La sorpresa de mi cliente fue mayúscula cuando vio que, a pesar de que en el Excel quedaba sobradamente probado que él le dedicaba a su pareja mucho más tiempo del que empleaba en cada una de sus otras actividades o relaciones en particular, ella seguía enfadada y pensando que él «no le dedicaba el tiempo suficiente».

Todos necesitamos sentirnos priorizados en la pareja, pero es verdad que las mujeres suelen tener una demanda mayor en este sentido.

Ojo, esto no significa que a los hombres no nos guste sentirnos queridos, sino que, generalmente, ellas le dan un peso mayor a compartir tiempo de calidad, a los detalles románticos y a este tipo de cosas. Así, muchas veces no se trata de una cuestión de que no le dediques tiempo o ganas de forma objetiva, sino de la impresión que a ella le quede o, dicho de forma más técnica, de que utilices el lenguaje del amor preferido por ella (para cualquier duda, dirígete al capítulo 1) para expresarle esa dedicación.

Cuando la mujer no se siente priorizada, hay muchas probabilidades de ruptura en el largo plazo en general y de infidelidad en particular, ya que siempre hay otro tipo dispuesto a dedicarle más tiempo a tu mujer de lo que tú lo haces, aunque sea por lo menos en el corto plazo. Y como el subconsciente humano no entiende de plazos largos, ¡zasca!, cuernos que te crio.

2. Infidelidad por falta de pasión

Para amar a alguien necesitas respetarlo. Necesitas ver en esa persona no solo a tu igual, sino a alguien a quien puedas admirar. Esta admiración verdadera que profesas (o no) por tu pareja se suele traducir muchas veces en más o menos niveles de pasión, y este es un mecanismo particularmente frecuente en las mujeres.

Ya hablaremos más sobre esto en el capítulo destinado a la masculinidad, pero te voy a hacer una pregunta muy sencilla: ¿qué prefieren las mujeres: un hombre con dinero o un tipo que apenas llega a fin de mes? Si te has relacionado con más de dos mujeres en toda tu vida, sabrás perfectamente que ellas suelen preferir la primera opción. Y esto no es una cuestión de dinero, sino de poder.

Las mujeres admiran, entre otras cosas, el poder. Un hombre con dinero o con una posición social poderosa supone alguien a quien pueden admirar y, por lo tanto, a quien pueden desear. Los hombres que no tengan necesariamente mucho dinero o una buena posición en la escala social pueden también ser más poderosos en su vida cotidiana, desarrollando hábitos férreos y mostrando una voluntad firme, lo cual tiene un efecto muy similar.

Pero ¿qué pasa con los hombres que no desarrollan ningún poder, ya sea material o sobre sí mismos? Que, generalmente, y no tras mucho tiempo, sus parejas suelen perder primero la admiración por ellos y después la atracción sexual. Una mujer consciente sobre sus propios procesos interiores intentará ayudarte a que cambies la situación o quizá te deje directamente; pero, si no es lo suficientemente consciente, puede caer fácilmente en la infidelidad, yéndose con otro hombre más poderoso que tú.

Como ves, en cualquiera de los dos casos hay dos componentes: primero, lo que tú estás haciendo o dejando de hacer, que desestabiliza los patrones de atracción en la relación, y, segundo, el nivel de consciencia que tenga tu mujer sobre estos patrones y sus cambios internos. Desgraciadamente, la mayoría de personas tienen, por lo general, un nivel de consciencia relativamente bajo sobre sí mismas, y, si no me crees, respóndeme a esto: ¿por qué nos damos cuenta enseguida de los errores de los demás, pero no de lo que nosotros hacemos mal?

Como dice un famoso proverbio, los árboles no nos dejan ver el bosque, y el nivel de consciencia de uno mismo, por lo general, es muy bajo. O dicho de otra forma: si la mayoría de psicólogos necesitan otros psicólogos para ayudarles a gestionar sus emociones, porque no tienen suficiente capacidad para verse a sí mismos de forma objetiva, ¿cómo quieres que tu ex se dé cuenta de un deseo que crece poco a poco, inadvertido, dentro de sí misma?

Si ya has vivido previamente una infidelidad, sabrás perfectamente de lo que he hablado en esta sección, que te servirá para completar el cuadro y comprender mejor todo lo que te ha pasado. Y si, gracias al cielo, todavía no has tenido que pasar por este trance, tienes información muy valiosa para evitar que te suceda en un futuro.

4. Aspectos logísticos

«El demonio está en los detalles».
Refranero popular

La parte más urgente dentro de todo este proceso es decidir qué cojones haces con tu vida. No se trata solamente de que tendrás que buscarte otro sitio donde vivir o pegarte con tu ex para ver quién se queda con la casa, sino que, además, vas a tener que reformular todos los detalles que hasta ahora habías dado por hecho en tu vida.

Cosas tan sencillas como quién lleva a los niños al colegio y quién los recoge, quién cocina y para quién cocina, o quién hace la colada se convierten en una moneda de cambio retorcida, que estará en funcionamiento hasta el momento en el que tu ex y tú viváis por fin en sitios distintos, y aún dará un par de coletazos finales hasta que formalicéis el convenio regulador.

Vamos a repasar cada uno de los puntos que tienes que tener en cuenta a la hora de poner en orden todo lo relativo a tu nueva situación.

El contacto con tu ex

Se habla mucho sobre cómo tienes que comportarte con tu ex una vez habéis cortado. Hay quien dice que lo que tienes que hacer es tratarla con naturalidad y como si nada hubiera pasado (dentro de lo posible) para normalizar la relación. Otros te dicen que el momento en el que cortas es el que puedes aprovechar para soltarle todo lo que te has estado tragando a lo largo de la relación, como una forma de desquitarte por todos los años de malestares y complicaciones. Pero, en realidad, lo que tienes que hacer es contacto cero.

¿Qué es exactamente el contacto cero? Como su propio nombre indica, esta técnica consiste en eliminar completamente la interacción con la expareja. No hablarle, no seguirla en redes sociales, no quedar con ella, absolutamente nada, para poder retirar a tu ex de todas las esferas de tu vida y así sanar la herida, haciendo hueco a otras personas y experiencias.

Y sí, es necesario un margen grande de tiempo para que la técnica funcione completamente, pero es un proceso inexorable en el que, con el tiempo, te acabas olvidando de tu ex. No es lo único que debes hacer, pero indudablemente es una ayuda importante.

Para ayudarte a aplicar el contacto cero con tu ex, vamos a plantear un ejercicio sencillo:

Piensa en todos aquellos lugares en los que coincides con ella y en todas las actividades en las que te la podrías encontrar. ¿Vais al mismo gimnasio? ¿Estudiáis idiomas en la misma academia? ¿Trabajáis juntos? También se incluyen como lugares, aunque sean digitales, las redes sociales.

A continuación, anota todas estas situaciones en las que te podrías encontrar a tu exmujer. Anota cada red social en la que os sigáis de forma individual.

1: ....

2: ....

3: ....

4: ....

5: ....

Solo hemos dejado cinco espacios aquí, pero se trata de que apuntes todos los puntos de posible encuentro entre tu ex y tú, aunque sean cien. El objetivo de esta primera parte del ejercicio es darte cuenta de todos los posibles enlaces que hay entre los dos, ya que no puedes dejarte ninguno sin cubrir si quieres hacer un contacto cero completo.

Ahora, lo que debes hacer es suprimir la posibilidad de encuentro entre los dos. Diseña aquí abajo una alternativa para cada uno de los lugares en los que podrías coincidir con tu ex: si existe la posibilidad de que os encontréis en el supermercado, cambia de tienda y señala a cuál irás a partir de ahora; si entrenáis en el mismo gimnasio, lo mismo, etc. Respecto a las redes sociales, lo que toca hacer es bloquear a esa persona, no solo para que no pueda ver tus publicaciones, sino también para que tú tampoco puedas ver las suyas. Créeme, lo último que necesitas es ver dónde va, con quién va y qué es lo que exactamente está haciendo con su vida ahora mismo.

1: → ....

2: → ....

3: → ....

4: → ....

5: → ....

Puede que, al llegar a este punto, estés pensando que esto del contacto cero es un poco radical, y, efectivamente, lo es, pero esa es precisamente su utilidad. La clave de esta herramienta es... que resulta extrema. No hay medias tintas, se trata de borrar literalmente a tu ex del mapa y retirar todos los posibles puntos de encuentro entre los dos. ¿Y por qué hay que ser tan drásticos?

Siempre que me preguntan sobrc la utilidad del contacto cero, me acuerdo de uno de mis clientes más queridos de los primeros tiempos del gabinete. Este tipo, llamémoslo Fran, era deportista de competición, muy brillante en su disciplina. Tenía un físico envidiable, dirigía su propia empresa y, además, era un tipo verdaderamente simpático, pero sufría muchísimo por la ruptura que vivió con su ex, la mujer con la que había compartido los últimos diez años de su vida.

Me acuerdo como si fuera ayer de cómo fuimos trabajando poco a poco en la superación de esta ruptura. Cada vez, se levantaba de la cama con más ganas, estaba de mejor humor e incluso, de vez en cuando, quedaba con distintas chicas; pero había algo que nos impedía avanzar: este cliente y su ex no dejaban de hablar por WhatsApp. No es que hablaran todos los días, pero siempre encontraban, el uno o el otro, algún pretexto para escribirse de vez en cuando, ya fuera por algo relativo al negocio (la ex también tenía una empresa) o por cualquier otra razón.

Así, todos los esfuerzos que hacíamos para salir adelante se caían al suelo, aproximadamente, una vez cada semana o cada diez días, porque habían estado hablando, y eso le había hecho sentir añoranza por la relación que tenían o ira por las cosas que había sufrido durante la relación, o le había afectado de cualquier otra manera.

No importa cuánto le insistiera, no había manera de convencer a Fran de que bloqueara a su ex y dejara de escribirle, pues hacer esto le parecía demasiado extremo o, quizá, algo «propio de personas inmaduras». Y así, la historia seguía semana tras semana.

Siguió, hasta que ella conoció a otra persona y bloqueó finalmente a Fran. Al no solo dejar de escribirle, sino también cortar las comunicaciones, impidiendo que él la contactara, por fin Fran tuvo el camino libre para hacer su trabajo personal. Supongo que no hay mal que por bien no venga…

La moraleja del caso de Fran es que, por mucho que hagas tu trabajo de superación de la ruptura, si sigues en contacto con tu ex, es peligrosamente fácil recaer en los sentimientos por ella, ya que ¿cómo vas a olvidarte definitivamente de todo lo que tuviste con tu ex, si la tienes presente en tu vida y sigue interactuando contigo, reavivando tus sentimientos cada vez que aparece?

Si has estado prestando atención, te habrás dado cuenta de que puedes borrar a tu ex de prácticamente todos los aspectos de tu vida, menos de uno. Y ese aspecto es… la paternidad.

Los niños son el hilo conductor que une a la mayoría de los divorcios, y suelen marcar la diferencia frente a los procesos de ruptura de un noviazgo. Técnicamente, un divorcio es el proceso de disolución de un matrimonio formalizado a nivel legal; sin embargo, a nivel psicológico lo que marca realmente la diferencia entre una ruptura «sencilla» y otra que no lo es son los niños: es más fácil disolver un matrimonio sin hijos que un noviazgo con tres niños de por medio, y esto es precisamente por la imposibilidad del contacto cero.

Si como pareja no tenéis nada en común más que vuestros sentimientos, lo único que tenéis que hacer para disolverla es iros cada uno por vuestro lado. Si tenéis una casa en común, podéis venderla y repartiros lo que saquéis con ella. Os costará más o menos, pero os la podéis quitar de en medio con relativa facilidad y ya podréis seguir cada uno vuestro camino tranquilamente. Pero, si hay niños, ya no es tan sencillo.

¿Cómo carajo hacemos un contacto cero si por pelotas no te va a quedar más remedio que mantener algún tipo de contacto con tu ex? Hay que decidir a qué colegio van los niños, cuánto dinero se les da de paga, gestionar el tema del carnet de conducir y estudios superiores… Porque los hijos crecen, pero, con el ritmo que está cogiendo este país, te aseguro que antes de los treinta no los vas a tener totalmente independizados, y treinta años es un período muy largo para estar aguantando a tu ex.

Pero no te preocupes, que para algo estamos aquí. No puedes evitar mantener un cierto contacto con tu ex, pero lo que sí puedes hacer es impedir que este contacto dé pie a resucitar un sentimiento ya olvidado.

Lo que siempre recomiendo a mis clientes es lo siguiente:

Haz un grupo de WhatsApp y mete a tu ex. En este grupo solo vais a estar ella y tú. A continuación, ponle nombre a este grupo, algo así como «Cosas Niños» o «Logística». Lo que quieras, pero que deje bien claro que el motivo por el que ella y tú estáis reunidos en este grupo es para resolver las cuestiones materiales en relación con los niños, y nada más.

Por si todavía pudiera quedar alguna duda, puedes escribir en este grupo que lo has creado para poder reunir todos los asuntos relativos a los niños en un solo sitio, en lugar de tener que recurrir al chat personal, y que, a partir de aquí, lo mejor es que os escribáis solamente a través de este grupo. Es importante que seas particularmente insistente en que todo tipo de comunicaciones irán, desde ahora, exclusivamente a través del grupo, y no a través del chat personal.

¿En qué sentido esto te va a ayudar? Fácil. ¿Alguna vez te has planteado para qué existen las cuentas corporativas de correo electrónico? Aparte de servir a un propósito tipo «tarjeta de presentación» para cuando escribes a otras empresas, estos correos corporativos también se utilizan para comunicaciones intraempresa. ¿Por qué? Muy sencillo: establecen un marco psicológico en la interacción.

Un correo electrónico corporativo establece los límites de lo que en esas comunicaciones es razonable y lo que no. Los empleados pueden quedar a tomar cervezas después del trabajo, pero no hablarán de ello en el correo corporativo. Pueden estar flirteando entre ellos, pero no lo harán a través del correo corporativo. Y desde luego, pueden hablar de todo tipo de barbaridades, enviarse memes o tener cualquier tipo de interacción imaginable, pero también para todas estas cosas utilizarán otro canal diferente al correo corporativo.

En el fondo, lo que supone esta estrategia es establecer un escenario «corporativo» en el que tú has puesto las normas del juego, diseñadas cuidadosamente para que nada se salga de madre ni te pueda sacar de tu camino de superación. Paralelamente, eliminas el escenario personal, en el que pueden pasar todo tipo de cosas que te saquen del proceso. Porque no necesitas que tu ex te recuerde lo mucho que os queríais ni que te envíe fotos de lo que está haciendo, ni de sí misma, ni de absolutamente nada. A partir de aquí, sois dos personas totalmente ajenas la una a la otra, y lo único que tenéis en común son los niños, que serán el núcleo de la interacción.

Si podrás o no tener una amistad con tu ex y volver a interactuar en el plano de lo personal, eso depende de muchos factores, pero, en todo caso, la vida es larga, y este no es el momento particularmente indicado para pensar en eso.

Cuestión de costumbres

¿Qué echan de menos todos los tíos cuando se separan de sus mujeres, ya sea por un divorcio como por la ruptura de una relación de noviazgo? Echan de menos el cariño y el apoyo de la otra persona, aunque se hubiera perdido hace tiempo, e indudablemente acostarse con ella; pero hay algo que, aunque parezca totalmente anodino, es casi más importante que todo eso: las rutinas.

Un día normal en la vida de un hombre casado consiste en levantarte siempre a la misma hora, sacar el coche del garaje para ir al trabajo, el café de media mañana, parar a comer a la hora de siempre, trabajar lo que quede de la tarde y de vuelta para casa. Una vez que llegues, ya puedes ver qué panorama te encuentras y qué puedes hacer el resto del día. Ayudar a los niños con los deberes, leer un rato, ver una serie, para cama y, al día siguiente, volvemos al ruedo. Parece… rutinario, ¿verdad?

Puedes decirme que no te gustan las rutinas, pero estarías mintiendo. O, si no, respóndeme a esto: ¿cuál es el número máximo de rutas que sigues para ir a trabajar con el coche? ¿Con qué frecuencia innovas y pruebas una receta nueva, o una forma totalmente distinta de preparar un plato habitual? Cuando te planteas salir a la compra, ¿vas indistintamente a cualquier supermercado, o eliges el mismo de siempre, en el que ya sabes qué productos tienen?

No seas vergonzoso, sabes perfectamente que tengo razón. Normalmente, vas al trabajo por la misma ruta todos los días; no sueles innovar en la cocina, salvo en ocasiones especiales, y seguramente tienes tus dos o tres marcas predilectas de supermercados y nadie te saca de ahí. Porque las personas somos así, y te voy a explicar por qué.

El cerebro es el órgano que más energía gasta en relación con su tamaño. Para que te hagas una idea, aun suponiendo solo el 2 % de la masa corporal, él consume la friolera del 20 % de toda la energía del cuerpo. Y solo estamos hablando del cerebro en estado de reposo, que, como tengas a la máquina realizando alguna operación o cálculo complejo (como decirle a tu ex que ya te estás acostando con otras personas, o que jamás tragaste a su madre, intentando no causar un conflicto diplomático...), entonces el porcentaje de energía consumida aumenta drásticamente.

¿Cómo puede tu cerebro limitar su consumo energético al máximo y evitar así devorar energía de forma continua? Funcionando al nivel más bajo posible. En efecto, tu cerebro es exactamente igual que un funcionario (*Nota del autor:* este es un chiste de humor negro. Por supuesto que existen funcionarios que trabajan duro, igual que empresarios que se tocan los huevos. Por favor, que nadie se me ofenda).

Y es por eso que el cerebro busca, de base, automatizar al máximo todos o la mayoría de los procesos disponibles, porque, si tuviéramos que tomar por separado todas y cada una de las microdecisiones que tomamos cada día, la energía disponible en el cuerpo no nos daría para tomar ninguna decisión verdaderamente seria. Por eso, caballeros, amamos las rutinas.

Esa es la razón por la que, cuando experimentas una salida fuerte de la rutina, sientes una sensación extremadamente desagradable, que es la incertidumbre. Hay personas que la navegan mejor y otros la llevan peor, pero te aseguro que a nadie termina de gustarle este sentimiento, que no es otra cosa que la voz de tu cerebro preguntándote a gritos qué coño vas a hacer a partir de ahora y cómo pretendes vivir exactamente. Todos, en mayor o menor medida, experimentamos cierto componente de miedo a lo desconocido cada vez que estamos ante una situación incierta. Y, como sabrás, este miedo a lo desconocido es el terror más antiguo en el ser humano.

Así que, claro, imagina lo que significa para tu cabeza una salida de la zona de confort tan grande como, directamente, ya no vivir en la misma casa, con la misma mujer, con todos los cambios logísticos que eso conlleva. Efectivamente, nada bueno. Y lo «mejor» de todo es que, después de este trauma, todo el mundo espera que en el trabajo sigas rindiendo igual, tomando buenas decisiones, y, en general, que las cosas salgan como siempre.

Ah, espera, que hay algo más. Existe la posibilidad, y en muchos casos sucede, de que, abrumado por todos los cambios, asustado por todo lo que tendrás que empezar a hacer que antes no hacías (antes, las tareas en casa te las repartías, por ejemplo) y por todo lo que tendrás que dejar de hacer que antes hacías (como acostarte con tu mujer, darle el beso de buenas noches a los niños...), acabes intentando volver con tu ex.

Y recalco «intentando», porque normalmente este tipo de intentos no suelen salir bien. Pero eso ya lo hablaremos más adelante, de forma más detallada.

Lo importante aquí es establecer nuevas dinámicas y rutinas. Porque, aunque no está en tu mano dejar de sufrir de inmediato por todo lo que has perdido, lo que sí puedes (y debes) hacer es crear una nueva zona de confort en torno a la cual reconstruir tu vida.

¿Y cómo crear esos hábitos? Sencillo. Nuestro cerebro está formado por millones de células pequeñísimas que se llaman «neuronas». Las neuronas, al contrario que el resto de células del cuerpo, se conectan entre sí mediante los axones y las dendritas, que son, por decirlo de forma poco técnica, los emisores y receptores de información (respectivamente) de este tipo de células.

Lo interesante de esto es que según lo que haces en el día a día, las neuronas se conectan y reconectan de forma diferente. Cada costumbre, cada hábito, cada cosa que sueles hacer con una cierta frecuencia está representada en tu cerebro por un circuito neuronal concreto, que se mantiene y se refuerza en función de lo antiguo que sea. Igualmente, cada acción, cada reflexión nueva y, en general, todo lo que haces fuera de tus hábitos reorganiza esos circuitos neuronales.

Para ser exactos, la incertidumbre te golpea cuando tus circuitos están organizados de una manera pero te comportas de un modo totalmente diferente, de forma que es imposible predecir cuáles van a ser los resultados de tus acciones. Según tus circuitos, tienes que salir de tu casa, que está situada en *x* sitio concreto, a exactamente las *x* horas, y despedirte de la persona con la que duermes todos los días; en cambio, te levantas en una casa diferente, a otra hora distinta, y, definitivamente, no has dormido con dicha mujer.

¿La solución? Reorganizar los circuitos.

Quizá hayas escuchado alguna vez que el cerebro necesita veintiún días para poder crear un nuevo hábito. Esto es en parte cierto y en parte falso. Efectivamente, los circuitos neuronales necesitan, aproximadamente, veintiún días para reorganizarse, pero, si alguna vez, como yo, has dejado de fumar, por ejemplo, te habrás dado cuenta de que la cosa no es tan sencilla como tirar todas tus cajetillas y esperarte tres semanas a que se te pase el mono. No, ya te digo yo que la cosa no funciona así.

Estas estructuras requieren de unos veintiún días para reestablecerse y cambiar definitivamente su estructura, con lo que, durante esos veintiún días, sentirás fricción, cada puto día, sin excepción. Porque tienes un esquema de hábitos muy establecido en tu cerebro y vas a actuar en una dirección diferente. Sentirás ansiedad, miedo, pena, ira y todo tipo de emociones complejas que no sabías ni que existían; pero es importante que recuerdes siempre lo siguiente: todo esto es solo tu cerebro quejándose. Es una estrategia de tu puto cerebro para mandarte de una patada en el culo, otra vez, a tu zona de confort.

Llegados a este punto, conviene entender al cerebro como a un animal. Si alguna vez has tenido perro, sabrás que la manera de enseñar a un cachorro a sentarse, tumbarse y hacer sus necesidades en la calle no es, simplemente, explicarle lo que tiene que hacer. Primero, porque los perros no hablan español y, segundo, porque tienen un instinto muy poderoso. Ese instinto establece sus automatismos internos, que no puedes romper así porque sí: tienes que recompensarlo por hacer las cosas de un modo diferente, para que entienda que no solo para ti, sino también para él, hacer pis en la calle es mucho mejor que hacerlo encima del sofá.

Sacas al perro a la calle para que vea mundo, lo recompensas por salir y también por evacuar en la calle en lugar de en casa. Cuando lo hace en casa, lo castigas, y así, poco a poco, el perro lo va entendiendo.

Este símil es el que nos va a ayudar a entender cómo tenemos que organizar nuestra vida alrededor de los nuevos hábitos sin que nos termine de estallar del todo la cabeza: tienen que ser interesantes, tienen que ser chulos *per se*. Si te separas de la mujer con la que has estado los últimos siete, diez o quince años, por lo menos, que puedas sacarle la parte buena; si no, es fácil que caigas de vuelta.

¿Por qué tantos hombres recién divorciados se lanzan a salir todos los fines de semana a ver a quién se llevan a la cama esta vez? Por muchos motivos, pero el principal es «porque es divertido». Por eso, y porque, estando con su exmujer, «no podían hacer eso». Y ahí está la clave.

Se trata de que organices toda tu vida como a ti te dé la gana, de la forma que más te guste, alrededor de los *hobbies* que más te interesen y haciendo especial énfasis en todas aquellas cosas que con tu ex no habrías podido hacer. Así es como conseguirás que, por lo menos, tu subconsciente no te ponga demasiadas trabas en el camino.

¿Eras totalmente urbanita, pero a ella le gustaban más las áreas más periféricas? Puede que haya llegado el momento de coger tu piso de soltero en el centro de la ciudad. ¿Te habría gustado probar el *puenting*, hacer un viaje especial a algún sitio concreto que tu ex ni se planteaba? Pues a tope con el *puenting*, y viaje que te crio. Se trata de que construyas, de una vez por todas, la vida que tú quieres, sin tener en cuenta a nadie más que a ti mismo, y a tus hijos, por supuesto.

Para ponértelo más fácil, vamos a hacer un ejercicio similar al que hacíamos en la parte anterior del contacto cero:

Este es un horario de lo que sería un día normal para ti. Anota todas las actividades cuadradas en sus respectivas horas, desde que te levantas por la mañana hasta que te acuestas. Si te levantas antes de las siete, anótalo en el margen para que quede claro tu horario exacto; si te acuestas más tarde de las doce, haz lo mismo (pero, vamos, que no te recomendaría dormir menos de siete horas...). Una vez que tengas anotado literalmente todo lo que haces en un día normal, piensa en cómo podrías cambiar tu rutina de una forma que te gustase más y que idealmente no pudieras hacerlo teniendo a tu ex en tu vida. Algunas cosas las podrás cambiar; otras, no. Pero asegúrate de modificar el mayor número de rutinas posibles.

7h: →

8h: →

9h: →

10h: →

11h: →

12h: →

13h: →

14h: →

15h: →

16h: →

17h: →

18h: →

19h: →

20h: →

21h: →

22h: →

23h: →

00h: →

Una vez que te hayas hecho cargo de todo el rediseño de tus hábitos, será más sencillo para ti arrancar con tu nueva vida, porque la cogerás con más ganas y, sobre todo, con la ilusión de, por fin, dedicarte a lo que tú quieres.

La casa y los niños

Ha llegado el momento de que hablemos de los dos temas logísticamente más complicados que toca gestionar en todo divorcio: los niños y la casa. No vamos a entrar en la parte legal de la cuestión (que tiene su propio capítulo en este libro), sino que, en esta ocasión, nos vamos a centrar principalmente en toda la parte psicológica de qué te conviene más a la hora de repartir la casa y cómo manejar toda la cuestión de los niños.

Empecemos por la parte «fácil»: la casa.

Cuando te separas, una de las decisiones difíciles que tienes que tomar, y te conviene tomarla rápido, es si te quedas con la casa o no. Digo que te conviene actuar rápido en este sentido porque, hasta que tú no te decidas entre quedarte con la casa o agarrar tus bártulos e irte, vas a tener que aguantar vivir con tu ex.

Algunos hombres, una vez se separan, deciden seguir viviendo con la ex, aunque sea durante un tiempo. Esto, aunque generalmente está motivado o por buenas intenciones (seguir ofreciendo a los niños un marco de referencia de padre + madre) o por obligaciones socioeconómicas (no es un secreto: la pérdida de poder adquisitivo en España hace que sea muy difícil para el español promedio pagar un piso en condiciones él solo), en cualquiera de los casos, es un gran error.

Por un lado, el hecho de seguir viviendo con tu ex bloquea la práctica del contacto cero, por lo que el proceso de ruptura emocional y de creación de nuevos hábitos se enrarece (por no decir que se imposibilita). Pero hay algo todavía peor.

Habrás oído decir a psicólogos (o a otros amigos divorciados) que lo más importante dentro de este proceso es que te centres en ti mismo. ¿Qué significa esto? Que, independientemente de lo que otros hagan, piensen o quieran, tú hagas lo que te haga feliz. Es decir, que, si te apetece salir de cañas, salgas de cañas; si te apetece quedarte en casa, te quedas en casa, y si te quieres ir de casa rural con los colegas, para allá te vas, sin necesidad de dar explicaciones a nadie ni mucho menos pedir permiso.

Ah, pero... ¿qué pasa si sigues viviendo con tu ex? Que centrarte en ti mismo acaba resultando poco menos que imposible. Porque, cuando convives con alguien, tú lo haces partícipe de tus planes. Si sales, le cuentas con quién; si vas a hacer algo, se lo comentas. No por obligación, sino porque es lo normal que haces cuando vives con una persona con la que tienes una cierta confianza. Ahora bien, tu ex no es un compañero de piso..., es tu ex.

Por eso, cuando sigues viviendo con ella una vez que ya no es tu pareja, el ambiente se enrarece tanto: ella está acostumbrada a que le cuentes las cosas, y tú, a contárselas; así que tu impulso natural sería hacerlo, pero a la vez sabes perfectamente que ya no le puedes contar dónde vas exactamente, ni con quién, ni qué vas a hacer, ni quién es esa persona con la que te escribes tanto. Más que nada, porque no quieres ni hacer daño ni que tu ex meta las narices donde no la llaman. Y esa disonancia interna se nota.

Además, tengamos en cuenta que las mujeres son particularmente perceptivas a nivel emocional. Ellas saben cuándo estás raro, cuándo estás ocultando información o cuándo estás mintiendo directamente. Así que, ya sea porque le cuentes o porque no le cuentes tus andanzas postmatrimoniales, vivir con tu ex va a significar problemas para ti.

Por si esto fuera poco, hay algo importante que debes saber: ella va a salir y hacer su vida también. Saldrá de cañas igual que tú, se irá de casas rurales con sus amigas... o amigos, o bien se quedará en casa, a sus cosas, sin que tú sepas exactamente qué es lo que está haciendo.

Si ya es difícil centrarte en tu propia vida con todas las preguntas o insinuaciones que tu ex puede hacerte de formas más directas o más tangenciales, te aseguro que tener que aguantar cómo tu ex entra, sale y llega a las tantas a casa (o no llega) puede convertirse en un verdadero dolor de huevos para ti y un hándicap importante a la hora de salir del agujero.

Así que, si vives actualmente con tu ex, vete a otro sitio o consigue, como haga falta, que ella se vaya. También puedes no hacerme caso, pero luego no digas que no te avisé.

Con respecto a los hijos, la cosa se complica un poco más.

Como ya te habrás dado cuenta, el divorcio es un proceso particularmente traumático que pone tu mundo patas arriba. De repente, tienes que cambiar prácticamente todo lo que haces y replantearte todo lo que pensabas que sabías sobre tu propia vida y sobre tu ex. Si esto es así para ti, imagínate para tus hijos.

Cuando se trata de los niños, hay dos problemas principales que tenemos que solucionar preventivamente para garantizar que su desarrollo sigue con una cierta normalidad, independientemente de lo que ha pasado entre su madre y tú. Vamos a ver exactamente en qué consisten estos inconvenientes y por qué son tan importantes:

El primer problema relativo a los niños es el enrarecimiento de su relación individual contigo y con su madre. Cuando los dos progenitores están juntos, se configuran una serie de dinámicas que son las que dan forma no solo a la familia, sino a las relaciones que se establecen de manera individual con el padre y con la madre. Una de las dinámicas más importantes que se forjan en el seno de una familia tradicional es la de poli bueno y poli malo.

En todas las familias de este tipo, cada uno de los progenitores encarna uno de estos dos papeles. Uno es el poli bueno: el que consiente los caprichos, el que mira a los niños con benevolencia ante sus travesuras y, en general, el que mantiene un control más laxo de lo que los niños hacen o dejan de hacer. El poli bueno es comprensión, afecto, y supone el principal refugio emocional para ellos. Cuando quieren un regalito, o cualquier otra cosa que les interese, se lo suelen pedir al poli bueno, que generalmente, y salvo excepciones, suele ser la madre.

Por otra parte, está el poli malo: el que dicta las normas en la casa y se asegura de que se cumplan; el que establece y ejecuta los castigos cuando estos son necesarios, y el que pone la cara seria cuando se trata de reprender a los niños. El poli malo es el orden, es la fuerza y es la ley. Cuando los niños tienen un problema en el colegio, es el poli malo quien suele encargarse de resolverlo, porque su rol principal es la protección, no solo del *statu quo* de la familia, sino también de los miembros de la misma. No es ningún secreto que este papel es el que suele tocarnos a los hombres.

La clave de la dinámica de poli bueno y poli malo es que, ya sea de forma consciente o inconsciente, es algo de lo que tanto la mujer como el hombre son cómplices. Estos dos polos (atención emocional e imposición de disciplina) son claves para el correcto desarrollo psicológico de los niños, por eso existe esta dinámica. Como en la paternidad y maternidad todo se habla, y ambos «polis» llegan a todas las decisiones a través de acuerdo mutuo (aunque los niños no lo sepan), se mantiene la ilusión de dualidad entre un poli y otro, encargándose cada miembro de la pareja de uno de los dos polos.

Ahora bien, cuando la familia se rompe..., ¿qué pasa?

Vamos a suponer que mantienes una relación civilizada dentro de la frialdad de la ruptura con la madre de tus hijos. Lo que pasa es que ahora tanto a ella como a ti os va a tocar encarnar ambos papeles, porque, aunque ya no formáis parte de un mismo núcleo familiar, los niños siguen necesitando tanto al poli bueno como al poli malo en su día a día. Y *spoiler:* esto tiene su miga. Porque lo que nadie te cuenta es que los papeles de poli bueno y poli malo están muy enraizados dentro de ti y de tus propias costumbres.

Una persona no encarna el poli malo porque lo haya decidido, sino porque es su mecanismo natural dentro de su propio funcionamiento psicológico, y con el poli bueno pasa lo mismo. Si la dinámica de poli bueno y poli malo se replica en todas o casi todas las parejas, no es por casualidad; se trata de otra manera más en la que la complementariedad emocional en las relaciones se manifiesta.

¿Alguna vez te has fijado en que las parejas de largo plazo son, por lo general, muy parecidas en ciertos puntos concretos, pero diametralmente opuestas en otros? Esto es, precisamente, por el propio funcionamiento del magnetismo emocional y sexual, que es, de hecho, lo que une a los polis buenos con los polis malos.

Como comentábamos más arriba, si eres hombre, lo más probable es que hayas sido el poli malo con tus hijos. Te cabreas si no te obedecen, los castigas si rompen las normas y, en general, tienes una cierta actitud vigilante con ellos. Ojo, esto no significa que no los quieras: significa que alguien tiene que velar por el cumplimiento de los estándares en la familia, y ese eres tú. O eras, porque vas a tener que aprender a ser también el poli bueno. Tanto porque, como hemos comentado, tus hijos necesitan tener ambas figuras en las dos casas como por el hecho de que, si no aprendes a hacer esto, tu relación con tus hijos puede enrarecerse hasta el infinito.

¿Te acuerdas cuando te he dicho que la figura a la que le solemos pedir las cosas y con quien nos solemos abrir emocionalmente es con el poli bueno? Pues, ahora, imagina… ¿Qué pasaría si en tu casa no hay un poli bueno?

Tus hijos te seguirían queriendo, sí. Hay pocas cosas que puedan enturbiar de forma definitiva el amor de un niño por su padre. Pero no te contarían las cosas. No serían asertivos contigo respecto a sus deseos e intenciones. Te dirían todo de soslayo, te dejarían caer las cosas de refilón y, probablemente, decidirían pasar más tiempo con su madre, que, recordemos, al ser el poli bueno, también es más permisiva con ellos. Ser el poli malo no es un problema cuando tienes al poli bueno para equilibrarte tanto aportando esa suavidad a los hijos como contándote las cosas que los niños quizá no se atreven a comentar con la parte más dura de sus progenitores.

Tu relación con ellos se iría distorsionando al faltarte información de qué es lo que les interesa, qué sienten y, en definitiva, por qué hacen lo que hacen. Conozco a muchos divorciados que no tienen ni la idea más remota de qué es lo que les importa de verdad a sus hijos.

Por otra parte, al carecer en la casa de su madre de un poli malo, terminarían percibiéndola como una especie de «paraíso fiscal» en el que pueden hacer lo que quieran. No hay grandes riñas, no hay castigos significativos y, en general, es un ambiente mucho más permisivo, con lo que ya imaginas lo que puede pasar. Porque, seamos francos, las personas aprendemos el valor de la disciplina y de las normas, ¿cuándo?, ¿cuando vamos a la universidad por primera vez?, ¿cuando empezamos a trabajar? Nada de eso. El verdadero valor de la disciplina, de hacer lo que hay que hacer aunque no te apetezca, se aprende cuando te independizas de tus padres por primera vez. Cuando aprendes que la lavadora no se pone sola, que la comida alguien tendrá que hacerla y que hay que lavar el váter. Y no solo una vez, sino repetidamente, durante el resto de tu vida.

Hasta entonces, seamos claros, tus hijos, cuando vayan a verte, no te van a estar agradecidos porque «Oh, papá, nos has estado enseñando el valor de las normas todo este tiempo», sino simplemente intentarán esquivarte durante el tiempo suficiente hasta que puedan conectarse al videojuego o red social que esté de moda en ese momento.

Y sí, efectivamente, esto hay que evitarlo, así que manos a la obra.

¿Cómo encarnar a la vez al poli bueno y al poli malo? ¿Se trata de que lleguemos a un punto intermedio entre los dos polos? Para nada. Este es el error que cometen algunos hombres divorciados con sus hijos: intentar suavizarse para compensar la «pérdida» de la madre, por lo menos durante el tiempo en el que tienen a los niños por la custodia. Pero esto es un error.

Se trata de que brindes a los niños las dos figuras, no una sola y descafeinada; de que continúes siendo exigente con ellos, vigilando para que las normas se cumplan, y de que sigas representando un modelo de firmeza, pero a la vez aprendas los momentos en los que tienes que darles simplemente apoyo emocional, no instrucciones.

Te sorprenderá lo sencillo que puedes hacer esto simplemente dándoles a tus hijos espacio para expresarse contigo, para contarte lo que piensan y lo que sienten, sin necesidad de que tú juzgues lo que te están contando como bueno o malo. Poco a poco ellos se irán abriendo contigo a contarte más de sus cosas y a tener la clase de conversaciones que normalmente solo tendrían con la madre.

Asegúrate de que los momentos en los que encarnas al poli bueno y al poli malo están claramente diferenciados, porque no puedes darles a los niños una caricia y una torta con la misma mano. Este es un camino complejo, nada fácil; pero, como te habrás dado cuenta, llegados a este punto de tu vida, nada que merezca la pena lo es.

Para ayudarte en esta labor, te dejo por aquí una ficha de datos que, como hombre capaz de personificar el lado duro de la justicia, pero también el lado comprensivo del afecto, deberías ser capaz de rellenar para cada uno de tus hijos.

- Nombre y fecha de nacimiento (si esta no te la sabes, eres realmente un padre terrible). ....
- Curso académico / ¿Le van bien las notas? ....
- Asignatura favorita. ....
- Color favorito. ....
- Comida favorita. ....
- Gustos musicales. ....
- Gustos deportivos. ....

- ¿Qué quiere ser de mayor?

- ¿Le gusta alguien? ¿Quién?

- Nombra tres amigos de tu hijo.

- ¿Quién es su mejor amigo?

- ¿Tiene algún compañero al que odie o con el que se lleve particularmente mal?

Como ves, se trata de que te hagas un autochequeo para ver hasta qué punto hablas con tu hijo de las cosas que son importantes para él o ella. Muchas veces, como adultos, tendemos a ver los intereses y las preocupaciones de los niños como sencillas o sin importancia real, pero para ellos sí tienen gran relevancia. Interésate por las cosas que le interesan a tu hijo, acércate a él y, de ese modo, conseguirás contrarrestar el efecto negativo de la separación en vuestra relación.

El otro posible problema del desarrollo que se pueden encontrar tus hijos debido al divorcio entre tu ex y tú es la distorsión de la idea del amor. Me explico:

Como quizá sepas, tanto la figura del padre como la figura de la madre cumplen funciones muy importantes para el desarrollo de la mente infantil. Según sea tu hijo o tu hija, los papeles son distintos.

Si tu hijo es varón, tu papel (como padre) es el del rol masculino principal, el modelo a seguir. Tu hijo buscará, salvo contadísimas excepciones, convertirse en una persona similar a ti, imitando de forma consciente o inconsciente tu manera de hablar y de moverte, así como tus estilos comunicativos. Evidentemente, hay una carga importante de la biología en ciertos aspectos de la personalidad, pero, por lo general, los hijos varones siempre miran al padre en busca del ejemplo a seguir y de cómo deben vivir.

Por otra parte, tu mujer (en este caso, tu exmujer) tiene el rol de la figura femenina principal y, por lo tanto, marca la relación que tu hijo tendrá con su dimensión afectiva. Como rol femenino principal, su madre supone el modelo de mujer que él buscará en un futuro, lo quiera o no. Si tu ex es cariñosa y pegajosa en lo emocional, seguramente el chico terminará buscando una mujer más bien empalagosa. Si es evitativa, el chaval preferirá las mujeres más esquivas.

Este esquema se cumple igualmente si tienes una hija, con la excepción de que los factores se cruzan, en el sentido de que la niña tomará a su madre como ejemplo a seguir, lo quiera o no, y te tomará a ti como ejemplo del tipo de hombre que ella buscará cuando esté preparada para iniciarse en el mundo de los «chicos».

Por cierto, anticipándome a la pregunta que podría surgir, estos esquemas se cumplen sean tus hijos heterosexuales u homosexuales, ya que, independientemente de hacia quién se sientan atraídos en un futuro, por debajo de cualquier tipo de relación de pareja, la dinámica principal que se encuentra es la de polaridad masculina/femenina, fenómeno que se manifiesta igualmente, sean los miembros de la pareja hombres o mujeres.

«Pero, Arturo, ¿a qué te referías con la distorsión de la idea del amor?». Ahora mismo llegamos a eso.

Hemos hablado de la importancia del rol del padre (tú) y del de la madre (tu ex) en el desarrollo emocional de los hijos, pero queda un aspecto muy importante que comentar: la importancia del rol de vuestra relación de pareja.

El primer contacto que tienen tus hijos con el amor es contigo y con su madre. Por eso, construyen su idea de qué es el amor y qué son las relaciones de pareja, en función de la relación que tienes con tu ex.

Todos (o casi todos) los niños creen en el «amor verdadero». ¿Por qué? Bueno, la razón principal es que sus padres llevan juntos toda su vida (la vida del niño); por lo tanto, no tiene sentido para sus hijos pensar que se vayan a separar en un futuro.

Llegados a este punto, tenemos que hacer una puntualización muy importante. Quizá esto te parezca cursi, pero es la verdad: no hay nada más importante para la humanidad que el amor verdadero.

Vamos a reflexionar un poco: ¿qué papel cumple el amor en nuestra existencia, no ya como sociedad, sino como especie? Independientemente de la definición que quieras dar sobre el amor, cosa que ya sabemos que es complicada, el amor tiene la función de unir a dos sujetos durante el tiempo suficiente para que tenga sentido tener hijos.

Una de las peculiaridades más curiosas sobre el amor es que, por muy realista, por muy materialista y por muy cínico que seas tú, algo dentro de ti te lleva a sentirte, cuando estás enamorado, como si esa unión fuera a ser para siempre. Sabes perfectamente que el amor puede terminarse (de hecho, la mayoría de relaciones de pareja que tendrás a lo largo de tu vida serán, por definición, fallidas), pero aun así te sientes como si esa unión no fuera a terminar. ¿Es esto algo cursi? ¿Es parte de un mecanismo social que debería ser «abolido»? En absoluto. Es algo necesario.

Y lo es por un motivo muy sencillo: la sensación de que esa unión va a ser no solo duradera, sino «eterna», es lo que genera el marco de solidez necesario para dar sentido a la idea de tener hijos con esa persona. Como te habrás dado cuenta, tener descendencia con alguien es el compromiso supremo que puedes adquirir con una persona, de forma que vuestras vidas seguirán ligadas para siempre, lo queráis o no. Y aunque en el fondo no está tan mal criar niños como padre separado, nadie suele tener esta perspectiva como una de las grandes ilusiones de su vida.

¿Es real el amor verdadero? ¿Existen realmente parejas que pueden estar juntas para siempre amándose desde el principio hasta el final? Sinceramente, es difícil dar una respuesta verdaderamente objetiva, pero desde una perspectiva simbólica sí existe el amor verdadero, o, mejor dicho, «debe existir».

Sin un marco que justifique pensar en uniones «eternas», la idea de comprometernos tanto con una persona como para tener hijos desaparece, poniendo en riesgo la supervivencia de la humanidad como especie. Porque, seamos claros, los animales no necesitan uniones duraderas para tener cachorros. Un polluelo está preparado para volar al mes de su nacimiento; un potrillo puede ponerse a corretear por el campo a las dos horas de nacer, y las tortugas marinas se ven obligadas a escapar hacia el mar a toda velocidad, luchando por su vida nada más salir del huevo. Los animales, por lo general, no necesitan una estructura parental tan fuerte para dar salida a sus crías porque los tiempos en los que el cachorro empieza a ser totalmente funcional son absurdamente cortos respecto a la perspectiva humana.

Ahora, piensa en un bebé. Durante muchos meses, al menos año y medio, lo único que va a hacer es cagar, llorar y dormir. Muy mono y todo lo que quieras, pero imagínate soltarlo en medio de la ciudad, a ver cómo aprende a conducir, consigue trabajo y levanta el país.

Sí, yo también lo veo difícil. Por eso, las estructuras sociales a lo largo de toda la existencia de la humanidad han premiado las uniones duraderas y sólidas. Es la razón por la que existe el matrimonio con sus ventajas fiscales (tampoco tantas, pero algo es algo), y por la que las distintas religiones tienen su modalidad de matrimonio religioso, que está avalado por su respectivo Dios y garantiza, según cada religión, distintos beneficios espirituales para sus creyentes. La finalidad de todas estas medidas es aportar su parte a la creencia común de que existe un amor eterno que justifica comprometerse lo suficiente como para tener descendencia.

Ahora, ¿te acuerdas de que la relación que tienes con la madre de tus hijos supone para ellos el modelo de lo que son las relaciones de pareja? Efectivamente. ¿Y qué crees que pasa cuando os separáis y dais vuestra relación por rota?

Efectivamente, algo se tuerce dentro de los hijos cuando los padres se separan, y esto pasa a cualquier edad, independientemente de si los niños son mayores o más pequeños. Evidentemente, todo es más sencillo si estamos hablando de hijos algo mayores, básicamente porque ya llevan algo más de recorrido sobre sus espaldas, pero, aun así, esta ruptura deja su huella en la percepción que tienen los hijos acerca del amor.

Según el divorcio se ha legalizado y en las generaciones sucesivas la idea de la ruptura del matrimonio se ha ido normalizando, la percepción que tenemos socialmente sobre la pareja en general y sobre esta institución en particular es que no es precisamente fiable en el largo plazo que digamos. A medida que esta percepción se va asentando, por lo que parece, las nuevas generaciones cada vez tienen menos ganas de «atarse» a nadie, y los niños son, indudablemente, una atadura importante.

En todo caso, hay dos maneras de ver este problema, tanto a nivel demográfico y de supervivencia de la especie (si las nuevas generaciones no tienen hijos, ya me dirás tú quién va a pagar las pensiones cuando nosotros seamos viejos) como a una escala mucho más importante: la de la propia felicidad de tus hijos.

Está más que probado que nuestras relaciones de pareja, así como la percepción que tenemos sobre ellas, tiene una relación directa con nuestro bienestar. En un estudio reciente encuestaban a distintos directivos y otras personas en puestos de responsabilidad en grandes empresas sobre su nivel de felicidad y la importancia que tenían los distintos factores de su vida en la alegría que sentían en el día a día. La respuesta era clara: el mayor indicador de la felicidad de estas personas era, precisamente, la calidad de la relación que tenían con su pareja. Y, ojo, si esto es así en una población de directivos, que son personas particularmente polarizadas en el ámbito laboral de su vida, imagínate en la población general.

Así que nos encontramos con que la ruptura entre la madre de tus hijos y tú puede dejar una huella profunda en los niños, precisamente en su percepción de que no podrán encontrar un «amor verdadero», con todas las frustraciones y desilusiones que esto implica a nivel vital. Como buen padre, no querrás condicionar la vida de tus hijos de forma negativa, así que te cuento lo que tienes que hacer.

Todos los desajustes mentales y conductuales son formas que tienen los sistemas psicológicos de la persona de intentar interpretar la realidad. Los humanos somos exploradores por naturaleza, buscamos día a día la razón de todas las cosas que nos pasan, tanto a nosotros como a las personas que nos importan. Así, interpretamos la vida no siempre en función de lo que realmente ha pasado, sino más bien a través de lo que creemos que ha sucedido, y eso nos vale.

Esto no tiene por qué ser un problema siempre, ya que las personas no necesitamos saber el porqué exacto de todo. No todos saben por qué el cielo es azul, o por qué existe la gravedad, pero eso no supone algo negativo *per se*. La cuestión se complica cuando este entendimiento afecta a aspectos tangibles sobre los que tenemos que tomar decisiones concretas. No conocer exactamente qué procesos químicos son los que causan el azul del cielo no te provocará tomar malas decisiones, pero no entender por qué tus padres se divorciaron sí te puede llevar a grandes equívocos que te pueden pasar factura en un futuro, y ahí es donde entras tú.

Tienes que hablar con tus hijos. Tienes que explicarles lo que ha pasado. No me malentiendas: ellos no tienen por qué estar al tanto de todos los detalles. Si tu ex o tú tuvisteis amantes, o si os jugasteis otro tipo de malas pasadas, son aspectos que no tienen por qué saber. Pero lo que tus hijos sí necesitan (y merecen) conocer es por qué ya no os queréis.

¿Qué es, a grandes rasgos, lo que ha pasado entre vosotros? ¿Ha sido algo concreto que haya sucedido, o la vida os llevó por caminos diferentes? Es importante que ellos lo sepan para que puedan entender por qué su familia se ha roto. Si tus hijos no entienden, por lo menos a grandes rasgos, por qué la familia se ha roto, es fácil que generalicen la ruptura de vuestro matrimonio a todos los matrimonios. Si esto pasa, es fácil que crezcan cínicos con respecto a las relaciones de pareja y desarrollen problemas específicos en su esfera afectiva, y desde luego tú no quieres eso.

Aquí es donde me puedes decir: «Arturo, ¿no sería esto poner a los niños de mi parte? Si les cuento mi historia, ¿no estaré cayendo en algún tipo de alienación parental?». No necesariamente. Tú puedes entender cuál es tu parte de responsabilidad en todo esto y cuál es la de tu expareja, y hablar sobre ello de forma desprejuiciada. Evidentemente, es algo complicado y que no puedes hacer en las primeras fases de la ruptura, por el dolor que todavía nubla hasta cierto punto tu entendimiento, pero debes moverte hacia esa posición neutral y juiciosa por narices, no ya por ellos, sino por ti.

Si das a tus hijos algo a lo que agarrarse y que dé sentido a todo lo que ha pasado, ellos podrán comprender también todo lo sucedido y digerirlo a su manera. Ahora se te puede hacer todo muy cuesta arriba y puedes sentir que este es el final de una época. Efectivamente, lo es, pero la vida continúa, y particularmente la vida de tus hijos continúa, por lo que no te puedes permitir que una amargura que te pertenece fundamentalmente a ti manche su futuro.

Ser un hombre es también proteger lo que queda de la familia, aunque únicamente sean ruinas. Solo así encontrarás nuevamente la paz, al ver que los niños siguen adelante independientemente de todo lo que ha sucedido.

5.
Aspectos legales

«El árbol de las leyes ha de podarse continuamente».
Anatole France

Hay algo que tenemos que dejar claro llegados a este punto: aparte de un proceso psicológico de enorme complejidad en todos los sentidos, por encima de todo, un divorcio es la ruptura de un contrato legal. Como tal, se tiene que atener a una serie de normas y procedimientos, reglas que evidentemente no conoces hasta que no te encuentras de cara con el problema.

Este capítulo no pretende ser un manual optimizado sobre cuáles son los trucos legales más apropiados para salirte con la tuya en los tribunales, porque, al fin y al cabo, yo no soy ningún abogado. Tómate en su lugar esta parte del libro como una guía sobre qué puedes esperar y qué no en este proceso, y sobre todo cuáles son los pasos más importantes a dar, teniendo en cuenta tu salud mental a lo largo del divorcio.

Antes de empezar con todos los conceptos legales con los que conviene que te familiarices, hay un último aspecto que tienes que tener en cuenta para que todo este capítulo tenga sentido. No te va a gustar, pero a mí me pagan por decir la verdad, así que ahí va:

Tu ex es tu enemiga

Sí, lo has leído bien, tu ex es tu enemiga. O tu rival, si lo prefieres.

Muchos hombres, cuando llegan al punto de la separación, se sorprenden de ver de lo que realmente es capaz su ex. Y no me estoy refiriendo solamente a toda la parte legal, sino que, en general, es habitual encontrarte en este punto con la verdadera calidad humana de la madre de tus hijos, que en muchas ocasiones suele ser menor de la que esperabas.

Se empieza a comportar de un modo extraño, te responde de formas que nunca antes habría utilizado y, en general, saca una cara que en absoluto conocías. ¿Acaso ella ha cambiado? ¿Será que la ruptura le ha causado una herida tan profunda que ha desatado en ella un cambio personal negativo verdaderamente poderoso?

La respuesta es mucho más sencilla, pero también mucho más terrible: ella siempre ha sido así. Sigue siendo la misma de siempre, no ha cambiado ni un ápice. Lo único que ahora es diferente es la posición que ocupas en su mapa mental.

Cuando te acostumbras a trabajar con situaciones de conflicto y con negociaciones de todo tipo, una de las primeras lecciones que aprendes es que los términos *amigo* y *enemigo* no son más que una cuestión de perspectiva, que depende de algo tan simple como la satisfacción de las necesidades de ambas partes.

Imagina dos soldados de dos ejércitos enemigos. Ambos luchan encarnizadamente para matarse el uno al otro y cumplir con sus respectivas misiones. Si uno asoma la cabeza de la trinchera, el otro aprovechará para descerrajarle un tiro y acabar de inmediato con él, y viceversa. Ninguno de los dos dudaría a la hora de destruir a su rival por completo, de manera literal incluso.

Tal vez en otras circunstancias, las cosas habrían sido distintas. Seguramente, como soldados, ambos tengan intereses similares: si se sentaran en un bar, probablemente podrían compartir unas cervezas, hablar de mujeres y de cómo plantean sus entrenamientos en el gimnasio. Tal vez, si ambos se hubieran encontrado como civiles, veraneando en algún país neutral, podrían haber llegado a hacerse amigos. ¿Qué es lo que los separa realmente? La posición que tiene uno en el mapa mental del otro.

Son enemigos porque están enfrentados. Son enemigos porque sirven a causas diferentes. Y en resumen y yendo al grano, son enemigos porque sus intereses son directamente antagónicos. Si fueran los mismos, formarían parte de un mismo ejército, y si fueran complementarios, probablemente sus dos ejércitos serían aliados en contra de un enemigo mayor. Pero, en este caso, no puede ser: la supervivencia de uno depende de la derrota del otro.

Muchas veces, en los divorcios, salvando las distancias, ocurre algo parecido. Tu ex tendrá una idea de qué es lo que quiere obtener de este proceso, de lo que merece después de una larga relación contigo, y tú tendrás tus propias ideas al respecto. Seguramente ya lo habrás imaginado, pero a menudo lo que ella quiere y lo que quieres tú no solo son dos cosas totalmente diferentes, sino radicalmente antagónicas. Cuando esto sucede, es cuando ambos adquirís, el uno para el otro, el estatus de enemigos.

Dentro de este nuevo estatus, existen también diversos niveles de hostilidad, que dependen asimismo de una variedad de factores, como, por ejemplo, quién dejó a quién, la gravedad de la ruptura o el número de intentos de volver fallidos. Toda esta amalgama de variables configura este estatus de rivales, que, en función de su gravedad, puede traerte las consecuencias más o menos virulentas que vamos a desgranar en el presente capítulo.

Esta nueva situación de rivales no durará por siempre. Con un poco de suerte, y si la separación se efectúa de una forma más o menos civilizada, este estatus durará solamente lo que se tarde en firmar el convenio regulador de la separación, momento a partir del cual normalmente las aguas vuelven a su cauce y cada una de las partes se centra (más o menos) en sus propios intereses. Ojo: esto no quiere decir que se te pase el dolor, sino que poco a poco las putadas que tu ex puede haberte hecho a lo largo de este tiempo irán remitiendo hasta desaparecer completamente.

Dicho lo cual, vamos a explicar en qué consiste dicho convenio.

El convenio regulador

El convenio regulador es la Biblia de tu separación. Para resumir, es la serie de acuerdos entre tu ex y tú acerca de todos los aspectos económicos que os conciernen a los dos, y sobre cómo liquidaréis las cuentas.

Es un documento difícil de redactar, ya que tienes que recoger absolutamente toda la información sobre quién tiene la custodia de los niños, cuál es exactamente el régimen de visitas, si alguna de las dos partes tiene que dar a la otra algún tipo de pensión compensatoria, quién se queda con la casa y en qué términos... En fin, que es un follón.

Nadie tiene ganas de ponerse con esto. Lo último de lo que te quieres ocupar en una situación así es de negociar con tu ex (con la que vete tú a saber en qué términos has roto) para repartiros vuestras propiedades y llegar a un acuerdo sobre los niños. Pero... hay que hacerlo. Principalmente, porque hay que golpear el hierro cuando está caliente. ¿A qué me refiero? A continuación, lo verás claro.

Como recordarás del capítulo anterior, el contacto cero es no ya solo una herramienta, sino toda una condición *sine qua non* para poder superar cualquier ruptura tan profunda como lo es un divorcio. Ahora, dime: ¿cómo carajo vas a establecer un contacto cero con una persona con la que todavía tienes que negociar aspectos muy importantes que van a marcar, probablemente, el resto de vuestra vida?

Es habitual en los divorcios saltarse la parte del convenio y pensar que ya lo establecerás en un futuro. Desde el gabinete siempre recomendamos arreglar la parte del convenio regulador lo primero de todo, principalmente para que puedas olvidarte cuanto antes de ella e ir apuntalando los avances realizados. Pero, además, porque también hay una serie de consecuencias, más directas o más tangenciales, de no firmar el convenio regulador lo antes posible. A continuación, te cuento los tres mayores obstáculos que te puedes encontrar si no firmas a tiempo, para que, si estás en este punto, te pongas a ello lo antes posible y para que, si has estado procrastinando el momento de firmar, espabiles de una vez. Estas tres casuísticas están ordenadas según la calidad moral de tu ex: de mayor (suponiendo que es una buena persona) a peor calidad (una persona pésima):

1. Tapón para el proceso

La consecuencia más lógica y más directa de racanear a la hora de firmar el convenio es que el proceso de divorcio se queda en un *stand-by* absoluto. No solo porque a nivel legal, evidentemente, la disolución de la unión no avanza, sino porque cada interacción con tu ex, necesaria para formalizar el acuerdo, reabre las heridas emocionales que puedas tener. Te voy a contar algo a nivel ilustrativo para que veas hasta qué punto esto puede suponer un problema.

Hace años, cuando aún estaba yo solo y no tenía el gabinete tras de mí, tuve un muy buen cliente, al que llamaremos Pedro.

Estuvimos trabajando muy duro para superar su divorcio y le fue muy bien. Cada pauta concreta que le recomendaba él la realizaba; cada ejercicio, cada corrección, todo lo aceptaba bien y ejecutaba en consecuencia. A los tres meses de trabajar juntos de forma intensiva, no solo se encontraba contento con su nueva vida de soltero, sino que había perdido peso, poniéndose en una forma impresionante, e incluso emprendió un nuevo negocio en el que le iba bien y se sacaba un muy buen sobresueldo. La conclusión era clara, así que le dimos el alta: había superado finalmente su divorcio.

O eso parecía. Porque, varias semanas antes de cerrar el proceso, le pregunté si había resuelto ya toda la documentación del convenio. Me dijo que lo tenía ya todo listo, habían negociado todo de manera más o menos satisfactoria para ambas partes y lo único que quedaba pendiente era la firma de su ex. Recuerdo, igual de nítido como si hubiera sido ayer, cómo le advertí que debía conseguir esa firma a toda costa y, cuanto antes, mejor. Pedro me insistió en que no había problema y pronto su ex firmaría, así que me quedé tranquilo, le di el alta y aquí todos contentos.

Un tiempo después, volví a hablar con Pedro y, para mi horror, descubrí lo que había pasado después de que termináramos de trabajar juntos.

Mi cliente, simplemente, se confió. Iba procrastinando la firma del convenio, pensando en que «ya se encargaría de eso», lo cual resultó ser un gran error. Su exmujer cayó en una profunda depresión (provocada seguramente por el dolor de la pérdida), tan severa que tuvo que empezar a tomar psicofármacos para mantenerse en su sitio. Pedro mantenía las distancias en la medida de lo posible, pero no pudo evitar sentir pena y un cierto componente de culpa por ser una parte importante en la depresión de la madre de sus hijos.

Así que se guardó el convenio. Decidió parar momentáneamente el proceso y que ya retomarían el tema nuevamente cuando ella estuviera preparada para la firma. Este fue otro grave error, pero, claro, ¿qué otra cosa podía haber hecho?

La depresión de la madre de sus hijos empeoró. La ex no se podía hacer cargo de los niños debidamente (apenas se podía hacer cargo de sí misma), así que Pedro le ofreció, de forma temporal, volver a la casa familiar para poder cuidar a los niños entre los dos, desde el nuevo paradigma de padres separados. Y este fue el último detalle que terminó de joder la situación.

Para cuando su ex había superado el grueso de la depresión y Pedro consideró que era tiempo para reabrir la cuestión del acuerdo, la madre de sus hijos resulta que había cambiado de opinión sobre prácticamente todos los aspectos relevantes del mismo. Quería quedarse la custodia de los niños, quería una pensión compensatoria que Pedro no estaba dispuesto a pagar… y la lista de exigencias continuaba. Ni que decir tiene que la salud mental de mi cliente se pegó el castañazo del año después de esto.

Puede que lo hiciéramos desde una perspectiva un poco más «relajada», pero la cuestión es que tuvimos que volver a trabajar juntos en consulta para reparar todo el daño adicional causado por esta situación.

2. Exigencias económicas cambiantes

Quien se dedica de forma profesional a formalizar acuerdos sabe que el equilibrio de las negociaciones suele ser bastante precario. Lo que hoy parece bien a las dos partes mañana puede suponer tensiones y, dentro de dos días, puede ser percibido como un ultraje, más aún teniendo en cuenta que sois expareja y que… la vida sigue para todos.

Hay algo importante que tienes que saber llegados a este punto: los acuerdos acerca de con quién se quedan los niños o cuánto dinero tiene que pasar de pensión el progenitor que menos convive con ellos son más subjetivos que objetivos. Es decir, que no hay una cifra concreta de dinero con la que puedas cuantificar cuánto cuesta exactamente mantener a un hijo. Tampoco hay demasiados estudios (o, si los hay, raramente se respetan) sobre con quién deben estar los niños o cuáles pueden ser las consecuencias psicológicas de pasar más tiempo con la madre o más tiempo con el padre.

Por todo ello, que el convenio de divorcio realmente tenga buenas o malas condiciones para ti es totalmente dependiente de cuándo consigas formalizarlo con tu ex. Si la pillas de buenas durante las negociaciones, es posible que consigas un acuerdo positivo, de fácil cumplimiento. En cambio, como la pilles torcida, el proceso de acordar unas condiciones positivas para ambos puede resultar no solo tedioso, sino prácticamente imposible.

Hay quien podría decirme que hay exparejas muy razonables, que no van a intentar aprovecharse de su ventaja legal y que no intentan hacer sangre de una situación que ya de por sí es complicada.

Por supuesto, esto es cierto, pero piénsalo… ¿quieres arriesgarte? El convenio de divorcio es un acuerdo que va a regular aspectos totalmente básicos de tu vida durante un periodo verdaderamente largo de la misma, y por ello lo mejor es dejar el menor número posible de variables al azar. Tienes que firmar el acuerdo cuanto antes.

La razón de esto es que, como ya hemos comentado, las personas nos formamos todo tipo de relatos en nuestra cabeza para explicar la ruptura y justificar nuestras acciones. Cuanto más tiempo dejes pasar desde la ruptura, más factores entran en juego que pueden hacer que tu ex reevalúe la situación de una forma diferente y quiera pedir concesiones por las que tú no estés dispuesto a pasar. Imagina que tu ex se echa una nueva pareja (cosa que, evidentemente, pasará) antes de que tengáis el acuerdo firmado. ¿No sería normal que la nueva pareja de la madre de tus hijos luche por sus intereses (y, por lo tanto, en contra de los tuyos)?

Este es solo un ejemplo de entre tantas situaciones que pueden complicarte la vida infinitamente si no cierras el acuerdo a tiempo, así que nuevamente te digo: tienes que firmar el acuerdo cuanto antes.

La pregunta habitual aquí sería: «Claro, Arturo, pero ¿qué es lo que sucede cuando eres tú el que ha roto la relación o, aún más, el que le ha puesto los cuernos? ¿No es posible que la ex esté muy enfadada por todo lo ocurrido y, precisamente por eso, quiera castigarnos a la hora del acuerdo?».

Aclaremos algo: en esta vida no existen los milagros, o, por lo menos, yo no he visto ninguno. Tienes que tener en cuenta que, si la ruptura ha sido poco elegante, tu ex te puede hacer sufrir en el aspecto legal, pero aun así tienes pocas alternativas, ya que es cierto que el tiempo puede suavizar las heridas, pero también puede agudizar los rencores, y en el medio plazo te puedo asegurar que, como profesional, he visto más de lo segundo que de lo primero.

Con el tiempo, quizá ella pueda asumir el dolor y hacer las paces con lo que sea que tú hicieses, pero, para cuando ese momento llegue, lo más probable es que hayan pasado varios años, con lo que esperar a que las aguas se calmen para tocar el tema legal no es una opción.

Por eso te digo, por tercera vez, y espero que por última: tienes que firmar el acuerdo cuanto antes.

3. Presiones psicológicas usando a los niños/patrimonio

Esto solo sucede en los casos más extremos de baja calidad humana de la ex, pero te sorprendería descubrir el inmenso número de casos que estos «extremos» suponen.

¿Te imaginas que tu ex te impida ver a tus hijos si tienes una nueva pareja? ¿O que te castigue económicamente pidiéndote dinero cada vez que hagas algo que no le gusta?

Vistos desde fuera, estos casos parecen absurdos. Uno siempre piensa: «¿Cómo me van a pillar en algo así?». O quizá: «Yo me haría valer y nunca cedería a esos chantajes». Pero, a la hora de la verdad, tienes que verte en el caso. Y no es que esa persona te vaya a poner un detective (o sí) para asegurarse de si estás con una nueva pareja, pero te garantizo que tener que ocultar lo que haces o dejas de hacer cuando ya tienes una edad puede ser una de las experiencias más frustrantes de tu existencia.

Porque dirás: «Como intente algo así, la denuncio». Pero ¿qué vas a denunciar? Si no hay acuerdo, no hay base legal que respetar y, por lo tanto, que la ley pueda proteger. Y ya hablaremos más adelante de esto, pero por lo menos en España y, en general, en Europa y Norteamérica la ley suele apoyar más a la mujer que al hombre en cualquier disputa de familia; así que cualquier cosa que te pase fuera de un marco de convenio de divorcio puede dejarte en bragas.

En todo este tiempo he trabajado con todo tipo de casos. He visto rupturas más limpias y más sucias, exparejas más razonables o más «tocanarices», pero lo que te aseguro que no he visto es una ruptura simple.

Romper una pareja es un proceso complejo por naturaleza, porque tienes que cortar todos y cada uno de los cabos que te unen a esa persona, y son cabos de naturalezas muy diferentes. Estamos hablando, como mínimo, de cabos afectivos en lo que tiene que ver con la parte emocional; cabos sexuales y de afirmación física por la deprivación sexual; cabos intelectuales con los planes de futuro frustrados, que ahora hay que remodelar y aterrizar de maneras distintas... A lo que quiero llegar es a que romper con una pareja ya es un proceso difícil por su propia naturaleza como para encima dificultarlo con aspectos materiales hasta lo absurdo.

Divorcio contencioso y divorcio exprés. ¿Esto qué es?

Básicamente, existen dos maneras de firmar el convenio regulador y, por lo tanto, de formalizar legalmente el divorcio: por las buenas y por las malas.

Como ya hemos comentado, llegados a este punto, no tendría por qué pasarte, pero es relativamente común que tu ex quiera cosas que tú estés dispuesto a darle, y viceversa. Puede que tú quieras pedir la custodia compartida, pero que ella considere que los niños están mejor con ella. Puede que ella te quiera pedir una pensión compensatoria, por todos los sacrificios en su vida laboral que ella tuvo que hacer durante todo el tiempo que estuvo contigo.

Aquí es donde brilla especialmente tu potencial capacidad de negociar con tu ex.

Recuerdo todavía cómo se divorciaron mis padres. Fue verdaderamente difícil y un golpe particularmente duro para nuestra familia, que siempre había sido muy tradicional al respecto del matrimonio, precisamente. La disolución de la familia fue uno de los tragos más amargos de nuestra vida y, como tal, provocó una herida muy difícil de sanar.

Pero, si de algo pude alegrarme en ese punto, fue de que mis padres fueron muy muy diplomáticos a lo largo de todo el proceso. Gestionaron todo de la forma más limpia que pudieron y, sin grandes altibajos, consiguieron pactar las condiciones económicas relativas a mi hermana menor (por aquel entonces, yo ya llevaba años viviendo independiente) y a la vieja casa familiar en la que habíamos vivido durante tantos años. Firmaron el convenio de divorcio y cada uno siguió su camino.

A esto es a lo que se le llama «divorcio exprés». En este tipo de separaciones, las dos partes consiguen llegar a un acuerdo acerca de quién se queda el coche, la casa y a los niños, o sobre cómo se los reparten. Esta clase de procesos son los mejores, ya que son relativamente rápidos (en pocos meses puedes haber formalizado todo el asunto a nivel legal) y bastante más baratos en lo que a abogados concierne.

Para que te hagas una idea: en un divorcio exprés es un solo abogado el que lleva todo el tema legal de la demanda de divorcio y la elaboración del convenio. Se negocia entre los dos y se le paga entre ambos, de forma que el coste aproximado es de unos mil euros en total a repartir entre los dos. Estoy seguro de que esos quinientos euros preferirías dedicarlos a otra cosa, pero, como no te pongas de acuerdo con tu ex, la cosa se puede complicar bastante más.

En el caso de que tu ex y tú no consigáis poneros de acuerdo en los aspectos económicos de la separación, tendréis que recurrir a lo que se conoce como un «divorcio contencioso», es decir, que tendréis que ir a juicio, lo cual, como te imaginarás, es una auténtica putada.

Lo primero, por el precio: mientras que en los divorcios de mutuo acuerdo las dos personas acuden a un único abogado para que realice un par de procedimientos legales sencillos, en los de tipo contencioso cada uno debe contratar a su propio abogado (por motivos obvios) e ir a juicio para decidir finalmente en qué queda todo. Te lo habrás imaginado ya, pero la broma te puede salir, como mínimo, por mil quinientos euros, y de ahí en adelante (hasta muy adelante), en función de lo complicado que sea el caso.

Pero no se trata solamente de dinero. Hay una vieja maldición gitana que dice algo así como «Ojalá vayas a juicio y lo ganes».

Tienes que tener en cuenta algo importante: todo este proceso va a dejar huella dentro de ti. Si te ves obligado a ir a juicio, tendrás que enfrentarte de forma directa a la mujer a la que solías querer para ver quién se queda la casa, o quién ve más a los niños, o quién recibe *x* cantidad de dinero. ¿Crees que será fácil mirar a la cara a la mujer que amabas y luchar a tumba abierta en su contra?

Los divorcios contenciosos son procesos verdaderamente agónicos. En primer lugar, porque la justicia no se caracteriza por ser precisamente rápida, de forma que puedes seguir técnicamente casado durante muchos meses, hasta que por fin puedas deshacerte de tu anillo y empezar a plantearte pasar página. Pero es que además debes tener en cuenta que toda herida emocional causada durante el proceso legal de divorcio es una mierda más que tendrás que limpiar de tu cabeza para cuando todo haya terminado finalmente.

Cuando te pasa una situación emocionalmente difícil de encajar, ahí es cuando entra el sufrimiento. La emoción se te indigesta como un plato excesivamente pesado, generando todo tipo de síntomas psicológicos. Si estás leyendo este libro, es probablemente porque tu separación se te ha indigestado por lo menos un poco. Pero, claro, como en todo, también en esto hay grados.

Puedes tener una indigestión ligera y que se te «repita» un poco el plato. Un regustillo a ajo en la boca, quizá, o una sensación moderada de pesadez. Pero también puedes tener una indigestión de pelotas, con retortijones y malestar general fuerte. Ah, pero ¿qué es lo que pasa si, aun indigesto, sigues comiendo? Bueno, esta pregunta es fácil de responder: la comida adicional que has devorado se incorpora a la indigestión ya existente, generando un tapón brutal.

Dejando los símiles culinarios, el problema de ir a juicio en un caso de este tipo es que es fácil que pasen más cosas que se te atasquen emocionalmente. Te llevabas bien con tu suegro, ¿verdad? Pues imagínatelo ahora, declarando en un juzgado, en tu contra, por supuesto. Por muy bien (o no) que te hayas portado, recuerda que tendrá que defender a su hija, obviamente. Y te aseguro que la imagen de esa persona atacándote, de forma más o menos limpia, delante de un tribunal no la vas a olvidar fácilmente.

La cuestión es que no solo se te van atascando nuevas putadas, sino que además se te atascan putadas que interactúan las unas con las otras. E igual que las personas que ya son famosas tienen más fácil hacerse cada vez más famosas, debido a las oportunidades que su fama les facilita, las personas que tienen problemas emocionales tienen más fácil tener cada vez más problemas emocionales, por las brechas en su emocionalidad cada vez más abiertas.

En resumen, te va a venir bien un buen acompañamiento psicológico, pues, en los casos de estas características, el daño provocado por el proceso judicial puede llegar a ser tan virulento como el de la propia ruptura. Y sí, es una mierda que tengas que estar preocupándote de cómo vais a repartir el dinero y con quién van a estar los niños. Y sí, también es una mierda que esta lucha te vaya a dejar cicatrices emocionales profundas. Pero recuerda que yo no pongo las reglas. Lo único que hago es venir y contártelas, para que, cuando las barbas de tu vecino veas quemar, pongas las tuyas a remojar lo antes posible.

Y por último, el mayor problema de los divorcios contenciosos consiste en que alargan hasta el infinito un proceso que no estamos psicológicamente preparados para aguantar durante tanto tiempo. Por ponerte un ejemplo sencillo: ¿cuál es el tiempo máximo que normalmente un hombre de mediana edad puede estar sin sexo?

No existe mucha investigación al respecto, y depende también de cada uno, pero puedo decirte que un hombre promedio puede estar, aproximadamente, unos cinco o seis meses en abstinencia sexual sin desarrollar problemas emocionales relacionados. A partir de ahí, normalmente algo se complica dentro de tu cabeza, ya sea por problemas de autoestima (en el caso de celibato no buscado, es decir, que intentes conectar sexualmente con otra persona y no lo consigas) o por problemas de abulia/depresión (en el caso de celibato buscado porque sencillamente no te salga tener relaciones).

La cuestión es que, como sabrás, el proceso judicial puede alargarse perfectamente seis meses, o más, según el caso, y te imaginarás que durante todo él no tendrás demasiadas ganas de irte a la cama con nadie. Teniendo en cuenta que probablemente no hayas tenido sexo en una buena temporada antes de la ruptura, puedes pasarte fácilmente un año completo en celibato involuntario, con los desajustes psicológicos que esto conlleva.

Y la verdad, ojalá todo el problema fuera la falta de sexo. Pero ten en cuenta que un divorcio contencioso pone en *stand-by* literalmente todos tus procesos vitales, no solo los relativos a la superación de tu ruptura. No te olvides de que hacer frente a tu ex delante de un tribunal es lo suficientemente desagradable como para quitarte las ganas, en general, de cualquier cosa. Negocios personales, promociones laborales, si estabas estudiando para una oposición...; literalmente, el juicio puede barrer todas tus aspiraciones, así que más vale que estés preparado.

Lo que quiero decir es que es muy importante que consigas negociar con tu ex y llegar a un acuerdo que os convenga a los dos. Hay quien prefiere ir a juicio, pero, salvo que tengas buenos abogados y una buena cantidad de capital que estés dispuesto a invertir en el proceso, lo mejor es que intentes evitar toda esta parte.

Casos excepcionales (o no tanto)

Podemos debatir si existe tal cosa como un «privilegio masculino» que nos ayuda a los representantes masculinos de la especie (aunque te aseguro que no será en este libro), pero, en todo caso, ser hombre tiene una serie de desventajas a nivel legal, por lo menos en este país.

Hay algunos casos en los que, debido a una calidad humana muy baja de la ex, podrías enfrentarte a algunas situaciones particularmente virulentas a nivel psicológico. A continuación, voy a explicarte en qué consisten estas dos potenciales amenazas y lo que tienes que tener en cuenta para prevenirlas en la medida de lo posible y para lidiar con ellas en caso de que te hayan pasado a ti.

1. Denuncia por abandono del hogar

En el caso de que abandones el hogar familiar antes de haber formalizado el convenio de divorcio, podrías enfrentarte a esta denuncia. En este proceso legal se te recriminaría haber dejado en una situación de desamparo a tu ex, y podrías enfrentarte a diversas consecuencias a nivel penal bastante desagradables. Sí, has oído bien: consecuencias penales. Que, ojo, no es que vayas a ir a la cárcel por esto, pero tu buena multa sí te la puedes comer, por culpa de una tontería del tamaño de una catedral.

Que no cunda el pánico, esta denuncia es relativamente sencilla de evitar. Lo más importante es que, aunque te vayas de la casa, sigas haciendo frente a tus obligaciones económicas con respecto a la misma. Es decir, mientras sigas pagando los suministros que venías pagando, los seguros y demás gastos de la casa, no deberías tener mayor problema con la justicia por este motivo.

2. Denuncia falsa por violencia de género

Tal vez hayas escuchado alguna vez historias sobre hombres que son denunciados por violencia de género, sin haber cometido este delito en realidad. Actualmente, este es un tema verdaderamente polémico que el *lobby* feminista más cerrado rehúsa reconocer como una realidad, y lo entiendo perfectamente, porque ello supondría tener que replantearnos cómo aborda la ley esta profunda problemática social.

La respuesta oficial a este respecto es que no existen casos en los que se denuncie en falso a nadie por violencia de género, o que, si acaso los hay, son casos tan residuales que no tendría sentido contemplarlos como parte de un fenómeno concreto, ya que estadísticamente no son «relevantes».

Como este libro no pretende ser un estudio científico alrededor de las posibles denuncias falsas por violencia de género, no voy a entrar en la discusión de si la ley está bien o mal, o de si realmente esta es una problemática social que tendría que ser repensada. Si te parece bien, en su lugar, vamos a hablar en términos puramente hipotéticos, como si el director de un gabinete psicológico especialista en superación de divorcios se hubiera encontrado ya con numerosos casos de este estilo.

En este país, ser denunciado por violencia de género tiene varias consecuencias, algunas directas y otras indirectas. La consecuencia directa más..., bueno, directa, es que la policía va a buscarte dondequiera que estés para acompañarte amablemente al calabozo, donde puedes pasar fácilmente una o dos noches mientras estudian tu caso. Si tienes la mala suerte de ser denunciado un viernes, lo mismo pasas alguna noche más, ya que no serás presentado ante el juez hasta el lunes, de modo que, hasta entonces, tendrás que estar bajo vigilancia, como puedes entender.

Y la consecuencia indirecta más inmediata es que, al haber sido denunciado por violencia de género, probablemente la sociedad, al correr la voz, empezará a darte la espalda, cada vez más. Los amigos dejarán de cogerte el teléfono, la familia cada vez tendrá menos ganas de invitarte a las comidas..., y excuso contarte lo que pasará con tus compañeros de trabajo. Se trata, definitivamente, de un asesinato social. Y muy merecido en el caso de un hombre que haya pegado a su mujer mientras estaba indefensa. Esas cosas no se hacen. Pero qué desafortunado sería si no lo hubieras hecho realmente, ¿verdad?

A lo largo de la historia de la justicia no son pocos los casos en los que alguien ha sido acusado en falso por cualquier motivo... ¿Por qué en estas situaciones tendría que ser diferente?

«Arturo, este libro se está poniendo un poco oscuro... ¿Por qué mi ex querría denunciarme en falso por un motivo tan feo?», me preguntarás, llegados a este punto. Bueno, principalmente..., por el resto de consecuencias directas que tiene ser denunciado por violencia de género.

Por protocolo legal, a un hombre con una denuncia de estas características se le aplican lo que se conoce como las «medidas cautelares». Estas, que son medidas de precaución para evitar que, después de una agresión, el culpable pueda emprender otro tipo de ataques hacia los hijos, da la casualidad de que podrían ser muy útiles para una mujer de baja calidad humana a la que no le importase arruinarte la vida a cambio de sacar ventaja en el proceso contencioso del divorcio.

¿Cuáles son estas consecuencias legales? Para empezar, mientras tengas el juicio penal abierto (porque, efectivamente, la acusación de violencia de género va por vía penal), cualquier solicitud de custodia compartida que hagas va a ser automáticamente denegada. Esto haría que tu ex, por el solo hecho de haberte denunciado, imposibilite que tú consigas la compartida durante un tiempo largo (ya hemos comentado que la justicia no es particularmente rápida, ni siquiera en estos casos).

Pero aquí no acaba la cosa: hasta que se celebre el juicio en el que se decidirá tu inocencia o culpabilidad, se te privará de la custodia que tuvieras de tus hijos, es decir, que no vas a volver a ver a tus hijos hasta que el juez te encuentre inocente, lo cual puede llevar meses, incluso años.

En un principio, puede parecer algo casi delirante pensar que una persona pueda mentir acerca de algo tan grave como es cometer violencia de género. Nadie con un mínimo de calidad humana podría denunciar a su expareja para conseguir ventajas legales ni de ningún otro tipo, esto no lo puedo negar.

Pero, desgraciadamente, hay de todo en esta vida y, exactamente igual que existen los hombres malos que pegan a sus mujeres, no es disparatado pensar que existan mujeres malas que acusen en falso a sus exparejas.

Si un niño, cuando en el colegio le piden los deberes, le dice a la profesora que su perro se los ha comido, ella se dará cuenta fácilmente de que el niño le está intentando colar una milonga y podrá tomar las acciones necesarias para castigar este mal comportamiento, o, por lo menos, tendrá la sospecha. Si el niño, al pedirle los deberes, dice apenado que no ha podido hacerlos porque su abuela falleció el día anterior y no ha sido capaz de abrir el libro, seguramente la profesora preferirá consolar al niño, pasar de puntillas sobre este hecho y pedirle los deberes, en esta ocasión, al compañero de al lado.

Y así funciona, porque una mentira, cuanto más grande y más truculenta sea, más creíble será también. Esto puede parecer chocante, pero la razón es muy sencilla: las malas personas se aprovechan de que las buenas jamás podrían concebir hacer ciertas cosas.

Supongo que en la Edad Media nadie en su sano juicio podía considerar denunciar al vecino por brujería, sabiendo que podían torturarlo o incluso ejecutarlo. Así es: «nadie en su sano juicio». Pero, como podrás imaginar, existen todo tipo de trastornos emocionales y mentales que pueden llevar a las personas a hacer todo tipo de locuras. Y si existen acciones tan radicales como los asesinatos físicos, no entiendo por qué resulta tan increíble para cierta proporción de la población pensar que alguien pueda ejecutar un asesinato social.

En cualquier caso, llegados a este punto es cuando te voy a dar una serie de consejos y de pautas que a lo largo de muchos casos diferentes he aprendido acerca de este tipo de situaciones.

— **Consigue un buen abogado.** Hay cosas en las que no se puede racanear, y en estos casos necesitas un buen psicólogo y un gran abogado. Más que nada, porque debemos tener en cuenta que en materia de derecho de familia el hombre es, con diferencia, el sexo débil. Si hay algo que se pueda hacer, cualquier truco o procedimiento especial, quien va a saberlo es el abogado. Si te limitas a seguir el cauce normal de las cosas, es fácil que estés durante mucho mucho tiempo sin ver a tus hijos, así que más vale que contrates a alguien que sea capaz de agilizar el proceso.

— **Te van a dar de lado.** Una acusación por violencia de género es cosa seria y, en cuanto la gente se entere, tomarán partido. Debes saber que, por importante que seas para los demás, por buenas que sean tus relaciones, muy pocas personas se van a atrever a preguntarte, y la mayoría sacarán conclusiones por su cuenta, con todo lo que esto implica. Tampoco te agobies demasiado, porque, cuando la verdad salga a la luz, todo volverá a su cauce y, más o menos, casi todo el mundo volverá a hablarte. Pero, por lo pronto, eres un cadáver social, nadie va a querer hablar contigo ni que le vean contigo, y más te vale aceptarlo rápido para poder pasar por encima de esta situación con la mayor elegancia posible.

— **Necesitas una comunidad (grupos de apoyo psicológico, amigos, familia...).** Agárrate a las personas que permanezcan a tu lado en estos momentos, porque te aseguro que las vas a necesitar. El problema de estas situaciones no solo son todas las dificultades legales y los procesos administrativos que vas a tener que soportar, sino también la factura psicológica que va a suponer estar en el punto de mira de toda la sociedad.

Una vez tuvimos en el gabinete a un cliente que era un chavalito joven. Tendría entre veinticinco y veintisiete años, estaba empezando su carrera como informático y, aunque en ese momento vivía en un barrio obrero de Madrid, su objetivo era poder mudarse a Suiza en el futuro, para poder llevar una vida más acomodada, ganando un salario acorde a sus habilidades. En definitiva, un joven normal con un buen futuro por delante, si jugaba bien sus cartas.

Ah, pero su novia, a la que tanto quería, le puso los cuernos. Muy mal asunto. Le dolió mucho y terminó discutiendo a gritos con ella, tras lo que me juró y perjuró que se fue de la casa sin ponerle un dedo encima. Al día siguiente, se encontró con que la policía lo había ido a buscar a la puerta de casa, y pasó lo que tuvo que pasar.

Un par de noches en el calabozo después, volvió a su vida normal. En el trabajo parece que no tuvo demasiado problema, pero donde sí tuvo conflicto fue… en su barrio.

Este chico vivía en un barrio madrileño conocido por ser, en general, de tendencias más bien progresistas (quien haya vivido un tiempo en la capital seguro que se hará una idea de qué barrio estoy hablando), así que te puedes imaginar. La ex no se había contentado con poner la denuncia, sino que además corrió la voz por todo el vecindario de que él le había pegado mientras estaban en relación, con todo lo que eso implicaba.

De repente, nadie le cogía el teléfono. Por la calle, todo eran miradas hoscas, y no te quiero ni contar cuando iba a los bares que solía frecuentar o al que solía ser su gimnasio. En el mejor de los casos, la gente ya no le dirigía la palabra; en el peor, pues bueno… creo que te lo puedes imaginar perfectamente.

Este chico y yo tuvimos que trabajar muy duro para borrar el recuerdo de todas las injusticias que se perpetraron y todo el dolor relativo a este proceso judicial, que se acumuló al hecho anterior de que la ex le había puesto los cuernos (evento que ya es suficiente de por sí para mandar derecho a terapia a un hombre hecho y derecho).

«Bueno, Arturo, ese chaval puede haberte mentido perfectamente. Quizá él sí que pegó a su ex», puedes decirme, con toda la razón del mundo. Pero ¿sabes qué? Yo sí le creo, por un motivo.

A lo largo de mi carrera, me he encargado siempre de los casos que los demás psicólogos no se han atrevido a coger, tanto por la dificultad de los mismos como, especialmente, por la dificultad de los perfiles. Quizá sea por mi imagen, o porque soy muy incorrecto políticamente, o por cualquier otro motivo, pero la cuestión es que, en todo este tiempo, las personas que venían de lugares relativamente oscuros conectaban particularmente bien conmigo, así que he tenido muchos clientes de este tipo.

He trabajado con extraficantes, con puteros y con hombres que realmente habían pegado a sus parejas. Nunca me ha importado hacerlo. Siempre que la persona quiera cambiar y dejar sus viejos hábitos atrás, independientemente de la dificultad del perfil, mi deber es guiarla por el buen camino y guardar la confidencialidad con respecto a su caso.

Lo que quiero decir es que, después de todo este tiempo, he desarrollado un cierto ojo clínico. Y ese chaval no había pegado a nadie.

Llegados a este punto, quizá me preguntarás cómo puedes prevenir que tu ex te denuncie en falso por violencia de género, y esa sería una pregunta inteligente, así que vamos a responderla.

Pero, antes de empezar, quiero recordarte que este libro no es un manual en leyes ni sustituye a ningún abogado; esto que presento a continuación son indicaciones generales de lo que he visto en mis casos. Si en algún momento te pasa, tendrás que contratar a un abogado; pero, si podemos cubrirnos un poco las espaldas de antemano con estas medidas, pues mejor.

Al lío: el problema con esta casuística es que, al no necesitar pruebas como tal para denunciarte, en realidad este es un riesgo que está encima de la mesa y que no puedes prevenir al 100 %, pero sí hay varias acciones que puedes emprender para blindarte en la medida de lo posible contra esta posibilidad.

En primer lugar, recuerda mantener el contacto cero o, por lo menos, reducirlo al mínimo, tanto vía WhatsApp (u otras redes sociales) como, por supuesto, en persona. Cuanto menos interactúes con ella, más difícil es que algo de lo que digas o hagas pueda disparar en su cabeza la idea de denunciarte. Y cuanto menos tiempo pases físicamente con ella, más difícil será que lo haga, ya que no tendrá nada a lo que agarrarse para ello.

La mayoría de las veces, la expareja no suele denunciar por violencia de género de la nada, sino que normalmente saca de contexto algo que sí ha sucedido realmente para que parezca maltrato y así denunciar: puede que hayas hecho algún comentario desafortunado o que incluso la hayas insultado. O quizá os hayáis peleado y hayáis forcejeado. En cualquier caso, si has llegado a insultarla, ella puede decir que la estás acosando, o si habéis estado forcejeando, incluso pegándoos el uno al otro, ella puede denunciar que tú le hayas pegado. De todas formas, cuanto más limites la interacción con ella, mejor.

Mantener el control sobre uno mismo es otra de las indicaciones más importantes en estos casos. Como sabrás, el proceso de ruptura en sí no es especialmente fácil ni agradable y, al haber generalmente resentimientos en ambas direcciones, es fácil que puedas cometer algún error, hacer o decir cualquier cosa que pueda ser sacada de contexto, como comentábamos más arriba, y que te pueda dar problemas.

No te juzgo por romperte en un momento tan delicado como este, pero lo cierto es que quizá no te lo puedas permitir. El problema de los casos de denuncia falsa es que uno nunca espera que le vaya a pasar hasta que le pasa: si tú te imaginaras que tu ex es de esa clase de personas, seguramente no te habrías comprometido con ella, en primer lugar. Por eso, lo mejor es, por las dudas, que te mantengas firme y, si tienes que derrumbarte en algún momento, o gritar, o llorar, lo hagas delante de tus amigos, de tu familia o de tu psicólogo, para minimizar las posibilidades de que cometas cualquier error.

Y por último, la regla de oro: todas las comunicaciones importantes van por escrito. Es más, si es posible, lo ideal es que todas las comunicaciones con tu ex vayan por escrito. ¿Por qué? Por varios motivos. En primer lugar, es más fácil que controles exactamente lo que quieres decir si lo haces por escrito: tienes la oportunidad de escribir y borrar lo escrito todas las veces que lo necesites hasta que diga exactamente lo que quieres decir. Puedes limar la manera de decirlo para que suene suave y gentil, y para minimizar las posibilidades de descontextualización de tus palabras. Y en segundo lugar, y todavía más importante, porque las comunicaciones escritas son objetivas.

Una de las primeras lecciones que aprendes una vez que empiezas a trabajar en cualquier empresa de una envergadura mínima es que todo va por escrito, a través de *email*, preferentemente. Porque, amigo, las palabras se las lleva el viento, pero la letra escrita permanece. Si tú le pides algo a alguien y esa persona da su OK por escrito, eso supone un compromiso hacia sus propias decisiones y no se puede escaquear. Si, el día de mañana, el otro lo intenta igualmente y alguien pide explicaciones sobre qué ha pasado, tú siempre puedes decir que hiciste tu parte, ya que la otra persona se comprometió por escrito a hacer la suya.

En estos casos sucede exactamente igual. Ahora que estáis separados, tendréis que tomar muchas decisiones. Incluso cuando el convenio regulador esté por fin firmado, habrá que comprar los nuevos uniformes de los niños, decidir cuánto se les da de paga o acordar cambios puntuales en las fechas de la custodia. Y sí, hablarás con tu ex por WhatsApp, incluso puede que alguna cosa la pactes por teléfono. Pero todas las decisiones a las que lleguéis deben estar ratificadas por vía *email*. Porque, si hay problemas *a posteriori* y un juez tiene que revisar qué está saliendo mal, la manera más sencilla de probar tu inocencia es mostrar que eres suave, colaborador y asertivo, y que te esfuerzas en que todo quede siempre claro y por escrito.

Tal vez esta sección del libro haya quedado más amarga de lo que a ti te habría gustado leer, incluso de lo que a mí me hubiera gustado escribir. Tener que conceptualizar a tu ex como a una enemiga que puede hacerte daño con artimañas legales no es plato de buen gusto para nadie, pero déjame decirte algo: a mí me pagan por decir la verdad, no por decir lo que tú quieres oír. El conocimiento te hará libre y te dará armas para navegar la realidad, así que ten en cuenta todo lo que hemos comentado en este capítulo y prosigue tu camino.

6.
Fortalecer tu polaridad masculina

«El hombre debe ser justo y valeroso, nunca pequeño».
John Wayne

Una vez tuve un cliente que se estaba divorciando de su ex-mujer. Debido a cómo eran él y la madre de sus hijos, en su relación siempre habían ocupado puestos invertidos en los roles de género tradicionales, teniendo ella un trabajo en el que era muy importante y ganaba mucho dinero, y él un trabajo más modesto pero que le permitía pasar más tiempo ocupándose de la casa y de los niños. Esta es una fórmula que les funcionó durante bastante tiempo... hasta que dejó de hacerlo.

Los problemas empezaron a aparecer: ella le reclamaba a él que no ponía el suficiente dinero en la casa y que en general era demasiado blando. Él, por su parte, estaba hasta las narices de que la mujer no estuviera en la casa y que, cuando estaba, no le daba muestras de cariño. Dejaron de tener tanta intimidad, un día ella le puso los cuernos y, con el tiempo, lo que había sido un desliz se convirtió en costumbre. La relación se rompió con muchísimo dolor, y en esas fue que mi cliente llegó al gabinete, contándome su caso, bañado en lágrimas. No podía entender cómo su ex podía haberle hecho eso, con todo lo que él había sacrificado para que ella pudiera brillar en lo laboral. En teoría él no había hecho nada malo, solo se había encargado de la parte de la relación de la que normalmente se habría encargado la mujer.

Te sorprendería la cantidad de casos así que pasan por el gabinete: hombres delicados, sensibles emocionalmente, que ocupan en sus relaciones el espacio que culturalmente se ha asignado a la mujer. Estos hombres se entregan con devoción a sus mujeres y a sus hijos, hasta que por algún motivo que no terminan de comprender sus mujeres terminan cansándose de ellos y dejándolos, muchas veces poniéndoles los cuernos durante el proceso.

Ya hemos hablado de polaridad masculina anteriormente, cuando tratamos el asunto de la sexualidad, pero en este último capítulo vamos a entrar en profundidad en este tema. Vas a entender exactamente qué es la polaridad masculina, por qué necesitas tenerla en su sitio de aquí en adelante y, sobre todo, cómo trabajarla.

¿Sabes? Los roles de género son un tema complicado de tratar en estos tiempos, ya que existen dos versiones sobre ello: la aceptada y la prohibida. Si aceptas que los roles de género son constructos enteramente sociales y que los hombres y las mujeres no se diferencian en más aspectos que en lo puramente físico, te aplaudirán, ya que defiendes la versión aceptada. En el momento en el que mediosugieras que las diferencias entre los hombres y las mujeres también tienen que ver con cómo funciona nuestra mente, lo más probable es que te tachen de sexista.

Seguramente seré muy criticado por todo lo que vamos a comentar en este capítulo, pero, como ya te he dicho varias veces a lo largo de este libro, mi trabajo no es decirte lo que tú quieres oír, sino la verdad. Si estás dispuesto a abrir tu mente, continúa leyendo; si no, es mejor que pases directamente al capítulo final.

A lo largo del siglo XX y de lo que llevamos del XXI se han dado avances importantísimos a nivel tecnológico, social e ideológico que han contribuido sin duda a consolidar el estado del bienestar en la mayoría del mundo occidental y a hacer de este mundo, en general, un lugar mejor en el que vivir. Pero, como dice el proverbio, no hay luz sin sombra, y estos cambios, aunque pudieran ser necesarios en un momento determinado, no solo han provocado consecuencias positivas. La transformación en los roles de género es un ejemplo perfecto de este tipo de cambios.

Te preguntarás qué tiene que ver todo esto contigo, como hombre divorciado, pero no te preocupes, que enseguida llegamos a eso.

Como toda transformación social, hay muchos factores que han provocado esta transformación de los roles de género, pero hay dos que son principalmente importantes: en primer lugar, y a nivel internacional, la explosión del movimiento gay a finales de los sesenta, que origina la aceptación de la homosexualidad como una forma válida de expresar no solo la sexualidad, sino también la afectividad, y la incorporación definitiva de la mujer al mercado laboral con libertad total, que en España se da un poco más tarde, a mediados de los setenta.

Ambos cambios han sido muy importantes para el avance social, ya que tanto las personas homosexuales deben poder vivir sus sentimientos y sexualidad libremente, como las mujeres deben tener derecho a trabajar, exactamente igual que los hombres. Ahora bien, el subproducto de estos cambios culturales fue que la sociedad empezó a plantearse si los roles de género que habían imperado hasta entonces eran acertados o no.

Anteriormente era el hombre el que se dedicaba a trabajar y traer el dinero a casa. Era el que protegía a la familia en lo económico y lo físico, mientras que la mujer se encargaba de los cuidados y del mantenimiento del hogar: atendía a los niños y al marido, preparaba la comida y se ocupaba de las tareas del hogar.

Con el movimiento gay, la sociedad se pregunta qué pasa cuando en una relación son dos hombres o dos mujeres, y la discusión se recrudece con la incorporación de la mujer al mercado laboral, pues ¿qué pasa entonces en los hogares? Si la mujer trabaja también, ¿es el hombre quien tiene que cuidar de los niños y hacer la comida?

Voy a ser directo contigo: la moderación de los roles de género ha traído muchas cosas buenas al mundo. Las personas homosexuales y bisexuales pueden vivir su vida a su bola y las mujeres pueden realizar sus ambiciones profesionales igual que los hombres, lo cual es positivo. Pero esta moderación se lleva convirtiendo en los últimos años en una transformación total, e incluso una inversión en muchos casos, que ocasiona distorsiones tanto en las parejas como en los individuos particulares.

Qué es exactamente la polaridad masculina

Cuando contemplas a un hombre y a una mujer, puedes ver una serie de diferencias entre ambos: el hombre, por lo general, es más alto y más musculoso, mientras que la mujer suele ser más menuda y delicada físicamente. La grasa se distribuye en los cuerpos de ambos de forma muy diferente; la mujer tiene pechos y el hombre no; este tiene pene y aquella tiene vagina; los cuerpos de ambos reaccionan de forma diferente ante ciertas enfermedades..., y la lista sigue.

La sociedad nunca ha tenido ningún problema en aceptar que las mujeres y los hombres tienen grandes diferencias físicas entre ellos, porque esas diferencias están a la vista. Pero, por mucho que ciertos sectores de la población lo nieguen, existen también ciertas diferencias en el terreno de lo psicológico, que son las que en última instancia han dado lugar a los estereotipos de género. Si estas diferencias son propias de aspectos hormonales y biológicos, o culturales y sociales, es un motivo de discusión para otra ocasión; pero, si tienes los ojos abiertos y te has cruzado con más de dos mujeres en toda tu vida, seguramente te hayas dado cuenta.

Los hombres suelen ser más ambiciosos y están más interesados en ocupar posiciones de poder y en conseguir dinero que ellas. Por lo general, verás a muchos hombres ocupando puestos más peligrosos, con una carga horaria mayor, y normalmente de mayor responsabilidad (tres características de los puestos en los que se gana más dinero), que a mujeres ocupando estos puestos.

Ahora bien, no se trata de que las mujeres no sean capaces de ocupar estas posiciones por sus habilidades, ya que no existen diferencias en la capacidad intelectual de las mujeres y de los hombres. Esto se debe más bien a que, en general, los hombres están más dispuestos a hacer los sacrificios necesarios para conseguir más dinero y poder que las mujeres, y por eso se animan a hacer este tipo de trabajos, más exigentes y en ocasiones también más peligrosos.

Por otra parte, te habrás dado cuenta de que hay otras posiciones que se ven más típicamente en mujeres; por ejemplo, las maestras de escuela, las psicólogas y las enfermeras, normalmente, suelen ser mujeres. Estas son, en general, posiciones laborales que tienen más que ver con la interacción humana y el cuidado de los demás que con aspectos más técnicos o con la ocupación de puestos cada vez más complejos en una larga escalera corporativa.

En resumen, llamamos «polaridad masculina» a todas aquellas características psicológicas que suelen ser propias de los hombres frente a las que son más habituales en mujeres. En esta sección vamos a resaltar tres características típicas de la polaridad masculina, que son también, vaya casualidad, tres de las cualidades más buscadas en hombres por las mujeres.

Una vez que las hayamos descrito, te contaré de dónde vienen estas tres características típicamente masculinas, no te impacientes. Por el momento, te recomiendo que, según las vayamos desgranando, te hagas un chequeo interior para ver en qué punto estás tú mismo en estos tres ejes.

1. Dominancia

Hay ciertos perfiles de hombre que resultan particularmente atractivos para las mujeres, como los ejecutivos de alto nivel, los profesores (en especial para sus estudiantes), e incluso, bajo ciertas condiciones, también los policías. ¿Qué tienen en común estos perfiles? Que son dominantes. Que mandan. Que, en su esfera profesional, y muchas veces también en la personal, son los que llevan la batuta.

Todos los hombres buscan poder, y el que no, la libertad. A efectos prácticos, esta búsqueda acaba llevándonos al mismo punto: tenemos que tener el nivel suficiente de fuerza y dominancia para impedir que nadie nos imponga sus mandatos y ser potencialmente capaces de imponer los nuestros. En cualquier caso, el hombre necesita influencia para mantener su individualidad y, en casos concretos, persuadir a los demás para que le sigan la corriente. A la capacidad necesaria para hacer tanto lo uno como lo otro se le llama «dominancia».

Para explicar el papel que ejerce la dominancia del hombre en la atracción sobre la mujer, me gusta utilizar la metáfora del violinista:

Imagínate que un día vas por la calle y te encuentras a un violinista tocando, allí mismo. El tipo es bueno y se le nota, toca estupendamente, y cualquiera, sepa más o sepa menos sobre música, puede apreciarlo. Por bueno que te parezca, a ti y al resto de personas que se paren a escucharlo, te sentirás impresionado por lo bien que toca, pero... eso es todo. Seguirás con tu vida, llevándote tus asuntos a otra parte y olvidándote a los diez minutos del tipo en cuestión.

Ahora, imagínate que ves a ese mismo violinista, tocando esta vez en un teatro prestigioso. Es la misma persona, tocando literalmente la misma pieza, puede que el único matiz diferenciador sea que esta vez va bien vestido y se encuentra en otro tipo de escenario, pero la reacción del público sí será radicalmente distinta. Probablemente te acuerdes durante semanas del extraordinario violinista que tuviste el placer de ver en esa ocasión.

En resumen, puedes ser un hombre bueno, generoso, inteligente, cariñoso y un montón de cosas más; puedes ser guapo también, y un hacha en la cama; pero, si no se te percibe desde fuera como dominante en algún sentido, por sutil que sea, serás como ese violinista que era muy bueno pero fácilmente olvidable.

2. Agresividad

Puede que la cualidad de la que vamos a hablar a continuación sea una de las más injustamente denostadas en nuestro tiempo. No es extraño, ya que la agresividad mal dirigida es, entre otras cosas, lo que lleva a muchos hombres, y también a algunas mujeres, a pegar a sus parejas. Pero la agresividad también tiene una vertiente positiva. ¿A qué me refiero? Muy sencillo. La agresividad es la capacidad de actuar violentamente en pos de algo, con una violencia que puede ser literal o figurada.

Cuando un maleante ataca a tu mujer o a tu hijo, como hombre, debes defenderlos, y generalmente lo harás con violencia. Cuando alguna injusticia, legal o de cualquier otro tipo, caiga sobre ti o sobre alguno de los tuyos, debes defenderte con agresividad para luchar por lo que es tuyo. Cuando las cosas vienen mal dadas a nivel económico, tienes que entregarte en cuerpo y alma para conseguir dinero con un nivel de decisión y de fuerza prácticamente bélico.

Y es que hacer la guerra en sí no es malo, el problema es por qué motivos y mediante qué medios hacemos la guerra. Los hombres de verdadera calidad, los verdaderamente fuertes, son los capaces de ejercer la guerra, pero mantienen esta capacidad a raya, utilizándola solamente cuando no hay otro camino.

Muchos hombres han sido engañados y se les ha enseñado que la única manera de ser buenas personas es no tener ningún poder ni ninguna fuerza. Así, ellos no son personas buenas, sino, simplemente, indefensas. No son malas personas porque no tienen la opción de decidir ser malos, pero por el mismo motivo tampoco pueden ser buenos.

Fuera de consideraciones filosóficas, ninguna mujer quiere a un hombre débil, o, por lo menos, ninguna lo quiere por buenos motivos. Las únicas mujeres a las que les gustan los hombres débiles son aquellas que buscan dominarlos o manipularlos, así que puedes dar por seguro, si eres un hombre débil, que ellas te buscarán precisamente para esto. Qué curioso que esas personas de las que abusan son aquellas lo suficientemente débiles como para no saltar frente a los abusos, ¿verdad?

En cualquier caso, la debilidad en el hombre, ya sea innata o adquirida durante la relación, es uno de los motivos principales de ruptura en general y, a menudo, de infidelidad en particular.

3. Seguridad

¿Qué tipo de coches te gustan? Puede que seas más de Audi o más de Volvo, que te gusten los coches más grandes e imponentes o más deportivos, pero, en cualquier caso, lo principal que quieres en un coche es... que no te falle. Que te montes y no solo te lleve rápido allá donde quieras ir, sino que llegues de una pieza. En las relaciones, las mujeres buscan lo mismo.

Podrías decirme que también los hombres buscamos la seguridad en las relaciones, y eso es cierto. Si puedes, prefieres emparejarte con una mujer que tenga las cosas más o menos claras, que tenga una cierta estabilidad emocional y que no te vaya a fallar. Pero, antes de seguir por ahí, te voy a hacer una pregunta muy sencilla: como hombre, ¿prefieres estar con una mujer de tu edad, algo mayor que tú o quizás más joven? ¿Y qué crees que prefieren las mujeres a su vez: estar con un hombre de su edad, menor o mayor?

Sí, existen las excepciones, pero no me negarás que, por lo general, los hombres solemos estar con mujeres que son más jóvenes que nosotros, y las mujeres, por lo tanto, acostumbran a estar con hombres que son mayores que ellas. Lo notable que sea la diferencia de edad depende de cada pareja, pero normalmente este es un esquema que se repite a lo largo de la mayoría de relaciones hombre-mujer. ¿Y por qué crees que esto es así? Yendo al grano, es una cuestión de seguridad.

Las mujeres suelen preferir a hombres mayores que ellas porque son más experimentados, tienen más estatus, más dinero y las pueden proteger mejor. Normalmente, un hombre mayor sabrá lidiar con sus diversos estados emocionales y gestionar sus posibles altibajos. Por otra parte, aunque el hombre también quiere sentirse seguro en las relaciones, sí que está más dispuesto a estar con una mujer más inestable o más inexperta si es, a cambio, más explosiva en cualquiera de los sentidos que puedas imaginar.

La protección es uno de los aspectos que más busca una mujer en una relación, y precisamente por esto a las mujeres les gustan mucho los hombres que transmiten seguridad en sí mismos. Porque dan la impresión de saber lidiar con cualquier cosa y poder averiguar cómo resolver aquellos problemas que quizá a día de hoy se les escapen.

Si eres más bien inseguro, ya te habrás dado cuenta de esto: a las mujeres no les suele gustar que dudes o vaciles demasiado a la hora de tomar decisiones. Y esto no quiere decir que siempre tengas que ser el macho alfa de la manada y no preocuparte nunca, pero sí que se espera de ti que lleves las riendas la mayoría del tiempo con confianza y fuerza.

Solo las mujeres más masculinizadas disfrutan verdaderamente de los hombres inseguros, ya que, igual que en el punto anterior, pueden ser ellas las que les dominen y hagan con ellos lo que prefieran. En cualquier caso, no es un escenario interesante para un hombre equilibrado.

¿Les gustan a las mujeres los hombres malos?

Si has estado viviendo en el planeta y relacionándote con mujeres a lo largo de tu vida, seguramente te hayas hecho esta pregunta en algún momento. En el capítulo referido a la conexión sexual, exponíamos cómo los personajes de ficción que más atractivos resultan a las mujeres son aquellos impredecibles y de una moralidad más bien cuestionable, por lo menos mediante los estándares que estamos acostumbrados a manejar, y por este motivo esta es una cuestión más que lógica.

Si le preguntas a una mujer, te dirá que no. Te lo negará vehementemente, y si le preguntas qué es lo que busca en un hombre, te dirá que lo que quiere es a una persona responsable, con unos buenos valores morales, que la cuide y la respete. Pero, si tú dejas de escuchar lo que ellas te dicen y empiezas a fijarte en lo que hacen, verás algo muy diferente.

En una ocasión, un cliente del gabinete, con el que estábamos trabajando para recuperarse emocionalmente después de un caso muy virulento de ruptura por infidelidad, estalló en medio de nuestra sesión. Estaba totalmente fuera de sí y lleno de ira, pues se había enterado de con quién le había puesto los cuernos su ex, y no era para nada lo que él esperaba. Él era un hombre joven, de unos treinta años y complexión fuerte. Tenía una carrera profesional prometedora y estaba trabajando duro y de forma responsable para establecerse y sentar la cabeza por fin con la que era su novia. En un principio, todo bien, hasta que, por varios motivos que sería largo explicar aquí, ella le puso los cuernos.

La cuestión es que el tipo con el que ella le había sido infiel era (según él) alguien de una calidad muy inferior: un bala perdida que había roto un matrimonio y abandonado a su hija para tener la aventura que nos ocupa. Un consumidor asiduo de marihuana que se dedicaba al arte callejero y que, aparentemente, no podía ofrecer ningún buen futuro a nadie.

Jamás sabremos si realmente el amante de su ex era tan malo como mi cliente lo pinta, pero lo importante aquí es que esa mujer abandonó a la pareja que «debía» objetivamente tener (con estabilidad emocional y laboral, compromiso, etc.) por el hombre que deseaba tener (inestable, poco fiable, impredecible), y este es un esquema que se replica habitualmente entre las parejas que rompen. Lo cual nos lleva nuevamente a la misma pregunta de antes: ¿será que las mujeres prefieren una vida impredecible y cruel, antes que una estable y sencilla? La respuesta es sí y no.

A las mujeres no les gustan los hombres malos exactamente, pero sí les gustan, y mucho, algunas de las características que son típicas de los hombres malos, y por eso muchos hombres buenos son abandonados de las formas más aparentemente sorprendentes. ¿Cuáles son estas características? La respuesta no te va a sorprender: la dominancia, la agresividad y la seguridad en uno mismo.

Ya hace tiempo, Bertrand Russell dejó dicho que el problema con la humanidad es que los estúpidos están seguros de todo y los inteligentes están llenos de dudas. Si sustituyes en la frase los «estúpidos» por los «hombres malos» y los «inteligentes» por los «hombres buenos», tienes la ecuación exacta de lo que pasa en muchas muchas ocasiones. Los hombres buenos evitan ser demasiado dominantes, suelen rechazar la agresividad y, muchas veces, se muestran inseguros. ¿Por qué narices pasa esto?

El problema del buenismo

Vamos a hacer un ejercicio ahora mismo tú y yo. Piensa en un hombre bueno. ¿Qué características posee? ¿Qué aspecto tiene esa buena persona? Realiza una descripción de él a continuación, dando respuesta a las preguntas anteriores:

....

....

....

Ahora, voy a adivinar qué es lo que has escrito. Probablemente, has descrito a una persona compasiva, generosa y cariñosa. Alguien comprensivo y dialogante; que no se enfada, que tolera y que busca siempre el punto intermedio para mantener la paz. Y podría seguir adivinando, pero vamos directamente al grano con lo que quería explicar:

Por los valores morales que imperan en nuestro mundo, estamos muy acostumbrados a confundir lo que es una buena persona con lo que es una persona indefensa. Y no es extraño, ya que, por lo menos en el mundo occidental, los valores que imperan socialmente son los del judeocristianismo. Estamos acostumbrados a percibir como bueno a alguien que es capaz de perdonar, de compartir y de dar amor, y a percibir como malo a aquel que se prioriza por delante de los demás y se impone.

Así, los únicos que, por sí mismos y de forma intuitiva, se priorizan y ejercen todas estas cualidades son los que rechazan los valores que hemos comentado antes de manera frontal, es decir..., los hombres malos.

Alguna vez habrás escuchado la expresión esa de «De tanto ser bueno, eres tonto». El problema viene de que percibimos que ser débil de carácter es lo mismo, o sucede en la misma línea, que ser una mala persona.

El proceso de divorcio va a requerir de ti que rompas también con estos esquemas morales. No solo pensando en que, cuando quieras volver al ruedo, tendrás que ser un hombre sólido para corregir los errores que puede que hayas cometido en tu matrimonio, sino en algo más importante: necesitas estos valores masculinos para sobrevivir ahora.

Ya hemos comentado previamente que, en este punto, por mucho que te duela, tu ex probablemente se habrá convertido en tu rival; lo cual significa que vas a tener, por narices, que imponerte sobre ella en algunas cosas. No porque quieras dominarla o hacerle nada malo, sino porque es posible que sea a ella a la que se le pueda ir la mano pidiendo una custodia mayor de la que debería, o más dinero del que tú puedes o estás dispuesto a darle.

Defender tus intereses y tu integridad, tanto económica como emocional, no es nunca algo inmoral. Defenderte haciendo daño innecesario, en cambio, sí sería inmoral. Para ejemplificar este concepto me gusta hablar siempre del mito de Hércules.

Hércules es, posiblemente, una de las figuras legendarias más importantes de todos los tiempos. Según la mitología clásica, Hércules era uno de los hijos de Zeus, el padre de todos los dioses, y de una mortal. A lo largo de su vida, terminó convirtiéndose en un verdadero héroe para la humanidad y, a día de hoy, hay multitud de referencias a su persona en nuestra cultura: cuando alguien hace un esfuerzo muy grande, decimos que hace un «esfuerzo hercúleo»; cuando alguien está muy fuerte, se dice de él que «está hecho un Hércules»; incluso hay referencias geográficas a su figura, como las columnas de Hércules en La Coruña.

Ahora bien, ¿Hércules era bueno o malo? Al fin y al cabo, a lo largo de sus aventuras, Hércules mata al León de Nemea y a la Hidra, y también debe robar, entre otras cosas, las manzanas doradas y al mismísimo perro guardián del infierno. Eso lo convierte en un asesino y un ladrón.

Hércules fue un héroe que mató monstruos y otras criaturas, y robó objetos mágicos por orden de la divinidad. Si lo analizamos según los valores judeocristianos, deberíamos concluir que, al fin y al cabo, un asesino es un asesino. Pero, si analizamos la historia desde una perspectiva amplia y metafórica, entenderemos por qué Hércules fue un héroe.

El héroe mata, pero no lo hace por placer. Se enfrenta contra monstruos claramente más fuertes que él y que podrían acabar con su vida en un solo instante porque es lo que debe hacer. Si se apropia de ciertos objetos mágicos, no lo hace para quedárselos, sino porque es lo que los dioses han querido para sus propios asuntos (en los mitos nunca se llega a aclarar por qué exactamente se le pide que haga esto).

A lo que quiero llegar es a que un héroe es un héroe porque hace lo que tiene que hacer, independientemente de los riesgos o de si le apetece hacerlo o no. Lo hace porque es lo justo. Y de igual manera, tú tienes que defenderte a lo largo del divorcio, no porque quieras hacer daño a tu ex, sino porque es lo justo.

Es posible que en algún momento tengas que darle una mala contestación a la madre de tus hijos. Puede que tengas que enfrentarte a ella, de formas veladas o abiertas, para que se haga justicia hacia ti y hacia tus hijos. Puede que, en algún momento, tengas que acabar haciéndole daño, no porque quieras, sino porque termines frustrando finalmente sus propósitos de tener más a los niños o de sacarte más dinero.

Todos los héroes de leyenda nos hablan de lo mismo: de hacer lo que se debe hacer, aunque no sea bonito. De ser bueno y gentil, pero también de ejercer la fuerza cuando es necesario. Porque, al fin y al cabo, esto es lo que caracteriza a un hombre verdaderamente fuerte: que hace lo que tiene que hacer, aunque no le apetezca.

Puede que sea demasiado tarde para que te conviertas en un personaje legendario, recordado por los siglos de los siglos, pero aún puedes ser el héroe de tu propia vida, recordado por siempre por tus hijos y por tus amigos.

¿Debo ser un «macho alfa» para ser masculino?

Uno de los grandes bloqueos a la hora de abordar el problema de la falta de masculinidad es la estrechez de miras con la que solemos interpretar este concepto. Y esta confusión conceptual se debe, principalmente, a dos factores: la estigmatización sobre la masculinidad, que lleva siendo nuestro pan de cada día desde hace años, y la ignorancia de los que se han querido alzar como gurús de la masculinidad en todo este tiempo.

Sí, la corriente ideológica mayoritaria no es benevolente con los hombres. Parece que somos responsables de prácticamente todos los problemas sociales (cuando no es el capitalismo el que tiene la culpa) y que cualquier alternativa es mejor que ser un hombre cis, hetero y tradicional. Pero también es cierto que la gran mayoría de personajes que se han levantado en contra de esta corriente tampoco nos han hecho ningún favor.

Los grandes gurús de lo que se supone que es la masculinidad, como, por ejemplo, Andrew Tate (posiblemente, una de las personalidades más controvertidas de Internet), se han limitado a repetir las consignas básicas de lo que se supone que es ser un hombre (dominancia, agresividad y seguridad) mientras exhiben todo el dinero que tienen, los coches extremadamente caros que poseen y las decenas de mujeres con las que se acuestan habitualmente.

Pero ¿significa esto que, para ser un hombre como Dios manda (y, por lo tanto, que tu mujer no quiera divorciarse de ti), tienes que ser un empresario millonario, dominar a las mujeres y, prácticamente, atropellar a todo el que no te siga la corriente? ¿Qué pasa con los hombres intelectuales? ¿Qué pasa con los artistas? ¿Qué pasa con todo aquel que no cuadra en este esquema?

Ni todas las hordas *queer* críticas de la masculinidad ni los falsos gurús realmente tienen un conocimiento profundo de lo que significa ser un hombre (o intención de adquirirlo), y por eso ambos bandos se pierden en los detalles.

No, no tienes que ser un *playboy* millonario para ser hombre. Cualquier hombre puede ser muy masculino sin tener que cumplir necesariamente todos los cánones de género; basta simplemente con que aplique las tres características (dominancia, agresividad y seguridad) consigo mismo, hacia dentro.

— **Dominancia**: el hombre débil o poco masculino no es capaz de dominarse a sí mismo ni a sus propios impulsos. El hombre que no es capaz de hacer dieta cuando lo necesita, de practicar ejercicio a partir de una cierta edad o de limitarse a sí mismo en sus apetitos no tendrá, normalmente, el respeto ni de las mujeres ni de los demás hombres.

— **Agresividad**: un hombre fuerte debe ser capaz de dar un puñetazo encima de la mesa cuando sea necesario. Hay veces en las que recuperar la compostura tras un fuerte golpe vital o mantener las riendas de la vida en un momento determinado requiere obligarse a uno mismo a entrar en el carril cuando todo lo que te rodea quiere sacarte de él.

— **Seguridad:** toda seguridad exterior en uno mismo, si es honesta, depende primero de una seguridad interior. El hombre masculino confía en sus propias capacidades y sabe que, cuando estas le fallen, sabrá superar ese *gap* desarrollando las habilidades que le falten.

¿Cómo me va a ayudar mi polaridad masculina a superar el divorcio?

Es posible que, llegados a este punto, te estés planteando que esto de la polaridad masculina es todo muy interesante, pero que realmente no sabes cómo puedes utilizarla para superar el dolor de la pérdida. No te preocupes, que ahora vamos con eso.

Hemos comentado a lo largo de todo este capítulo cuáles son las tres características más sobresalientes de la polaridad masculina, pero en esta sección vamos a profundizar un poco más. Hablamos de «polaridad» porque entre lo masculino y lo femenino existe una especie de «magnetismo psicológico», que es lo que nos atrae los unos a las otras. Según el nivel de masculinidad que tenga el hombre y el de feminidad que tenga una mujer, se atraen, es decir, que los hombres más masculinos atraen a las mujeres más femeninas, y los que son más neutros, a las mujeres más neutras, y viceversa.

¿Por qué sucede esto así? Sencillo, es por una cuestión de complementariedad psicológica. Como ya hemos comentado, la funcionalidad de la atracción y el amor sería la formalización de un núcleo «familiar» que permitiera la reproducción y, en consecuencia, la supervivencia de nuestra especie. Por lo tanto, tiene sentido pensar que la naturaleza, que no hace nada por azar, dispone este magnetismo para agrupar a los individuos que formarán mejor equipo entre ellos. ¿Y qué es lo que dicta si formarán un buen equipo? Que sus núcleos polares sean complementarios.

Una persona puede tener un núcleo polar más bien masculino, más bien femenino o más bien neutro, y aquí es donde está la verdadera enjundia de este capítulo.

El núcleo polar masculino se caracteriza por una fijación en la misión personal, el propósito vital y la búsqueda de libertad. Por otro lado, el núcleo polar femenino está fijado en las relaciones en general y el amor en particular, y en la búsqueda de la estabilidad. Cuanto más masculino sea un hombre, mayor polarización hacia la misión personal, y cuanto más femenina sea una mujer, la fijación hacia el amor será mayor.

También hay hombres que tienen una fijación fuerte en el amor y mujeres que tienen una fijación fuerte en la misión personal, pero esos son los casos en los que las polaridades son más neutras o equilibradas. Por eso no hay tantas empresarias como empresarios, ni tantos amos de casa como amas de casa.

No hay una polaridad más importante que la otra, porque las dos son vitales, tanto para la vida de la persona como para, por supuesto, la formación de una familia. Es precisamente la combinación de dos personas, cada una en un extremo de estas polaridades, lo que garantiza un funcionamiento equilibrado del núcleo que formen entre ambos. Porque, sí, el hombre puede esforzarse y poner foco en el mantenimiento de la familia, igual que la mujer puede ser la encargada de traer capital a un hogar, pero generalmente a una se le va a dar mejor unas tareas, y al otro, las asociadas al otro núcleo polar. El hecho de que las personas nos atraigamos en función de la polaridad que tenemos es lo que garantiza que ninguna pareja descuida ninguno de los dos focos: la libertad personal y el mantenimiento del núcleo familiar.

Si has tenido varias parejas o rollos a lo largo de tu vida, probablemente te hayas fijado en que todas, o casi todas, seguían un patrón común. Puede que sea algo muy sutil en cómo piensan, cómo sienten o, en general, cómo son, pero el caso es que hay una serie de características por las que te sientes naturalmente atraído y que son la base de lo que buscas en el amor.

Te invito a que describas a continuación a las tres parejas o rollos más importantes que hayas tenido en tu vida. Más allá de sus características físicas, fíjate en el componente psicológico. ¿Eran más cariñosas, o más frías? ¿Eran más independientes, o más apegadas? Haz una descripción lo más completa que puedas y, una vez que tengas las tres, observa cuáles son las características que se repiten entre unas y otras.

Nombre 1 ....

Descripción: ....

....

....

Nombre 2 ....

Descripción: ....

....

....

Nombre 3 ....

Descripción: ....

....

....

Si estas mujeres comparten entre sí muchos aspectos relativos a ser apegadas y cariñosas, a tener la prioridad puesta en la pareja y en una potencial familia, significa que tenían una polaridad femenina fuerte, por lo que tú tienes una polaridad masculina fuerte.

Si, por el contrario, se trataba de chicas muy desapegadas, o cuya prioridad principal estaba marcadamente en su camino personal, al margen de ti, entonces probablemente eran mujeres con una polaridad más masculina y tú tienes una polaridad más bien femenina o neutra.

El amor es importante porque es lo que nos mantiene unidos, pero la libertad personal también constituye un factor esencial, ya que es lo que nos mantiene como personas individuales. Y por aquí es por donde debes tirar en este proceso.

No importa que en tu relación fueras un hombre más tosco o más sensible, que fueras empresario o poeta; lo que importa es cómo expresas tu polaridad ahora. Porque, cuanto más femenino sea tu núcleo polar y, por tanto, mayor fijación tengas en el amor y en las relaciones, más vas a sufrir.

Puede que tú fueras un hombre más femenino o más sensible en tu relación anterior, y eso está bien. No tienes que dejar de ser la persona que eres, lo que debes cambiar es el foco. En ningún caso lo más importante para ti deben ser tus relaciones.

Desde hace años, las mujeres se quejan, y con razón, de que sobre ellas cae un inmenso peso: el de estar siempre guapas y perfectas para la mirada masculina. Según los sectores más feministas, esta es una presión que las mujeres soportan históricamente desde siempre, ya que a la mujer se la juzgaría como valiosa o no valiosa en las relaciones de pareja, principalmente, tomando como referencia su belleza física.

Puede que esto sea cierto, pero ¿es que sobre los hombres no recae un peso similar? Si a la mujer se la juzga por si es bella o no, al hombre se le juzga por lo que puede aportar, por el valor que pone encima de la mesa. Las madres siempre le preguntan a sus hijas si ese novio suyo tiene un buen trabajo o viene de una buena familia. Cuando las mujeres se cotillean las unas a las otras las parejas, lo primero que miran es el estatus de los novios de sus amigas.

Un hombre que solo puede aportar sus ganas de amar es uno que tiene muy poco que aportar y, cuanto más te polarices en el extremo femenino, menos vas a tener que aportar. No solo te va a doler más la pérdida, ya que estás fijando como prioridad tus relaciones de amor en un momento en el que están de capa caída, sino que tu fuerza en general para anclarte a tu propósito, el propio impulso de tu existencia, va a ir descendiendo alarmantemente.

Recuperar polaridad masculina te permite verte a ti mismo con mejores ojos. Te sentirás bueno y útil, porque pondrás el foco, simplemente, en mejorar. En avanzar en tu camino, sea este el que sea. Este es el camino interior en el que todo el mundo te recomienda que te centres, uno de mejora personal y de expresión de tus habilidades.

Si te centras en ti mismo, te sentirás cada vez más eficaz. Te dedicarás a las actividades que te gustan, con lo cual te sentirás mejor, y también mejorarás tu técnica en dichas actividades, lo que creará un bucle explosivo positivo para tu autoestima.

En el fondo, se trata de que entiendas que la pareja en general y tu exmujer en particular no pueden ser el centro de tu vida. Primero, porque no es sano. Y segundo, porque supondría dejarte muchas cosas fuera.

El amor es una experiencia maravillosa en la que puedes disfrutar algunos de los sentimientos más mágicos que existen sobre la faz de este planeta, pero hay también muchas otras metas que esperan que las alcances, muchos más caminos que recorrer, que no tienen absolutamente nada que ver con tener pareja. Cuanto más seas capaz de ver esto y de entregarte a una nueva vida, plena de desafíos, crecimiento y propósito, menos vas a necesitar no solo a tu ex, sino a otras mujeres.

Y cuanto menos las necesites, no solo vivirás más tranquilo, también dispondrás más de ellas.

7.
Razones para volver

«Anímate a abrir los ojos a nuevas puertas.
Y, sobre todo, cuando estés frente a ellas,
anímate a girar el picaporte».
Jorge Bucay

Hay una especie de atractivo extraño, casi un misticismo, alrededor de la idea de volver con una expareja, sobre todo cuando se trata de alguien con quien has estado mucho tiempo. Una gran cantidad de libros, series, películas y canciones tienen el concepto de «volver con la ex» como la temática central de su narrativa. Y si esto sucede, no es precisamente por casualidad.

¿Por qué a las personas nos atrae tanto la idea de volver con una expareja? ¿Por qué a los tíos nos da tanto morbo follar con la ex? ¿Por qué es muy probable que, a menos que hagas las cosas muy bien, aun después de mucho tiempo, sigas queriendo volver con tu ex? Hay principalmente dos factores psicológicos que nos atraen de vuelta a la persona con la que solíamos estar, y es importante que los conozcas para que no caigas en la trampa.

1. La costumbre

Como ya hemos comentado en el capítulo relativo a los detalles logísticos, tus hábitos y costumbres son principalmente los que dan forma a tu mundo. La fuerza de la costumbre existe para que puedas dedicar tu energía mental solo a las cosas que son verdaderamente importantes.

Desafortunadamente, no eres tú quien elige lo que es verdaderamente importante, sino tu cerebro, sin que tú medies palabra en el proceso.

¿Significa esto que tu cerebro decide de forma unilateral que el amor no es lo bastante importante para que le prestes atención? No, significa que el amor en general, tanto su búsqueda como su mantenimiento, consume demasiados recursos y, por lo tanto, tu cerebro considera que debe ser optimizado.

Seamos sinceros: el amor es complicado. No debería serlo, vale, pero lo es. Tú lo sabes, yo lo sé, y tu subconsciente también, y por eso tu mente va a buscar la más mínima oportunidad para pensar en tu ex. Para no tener que plantearte otra vez todos los procesos que son necesarios para encontrar una nueva pareja y crear y mantener una dinámica amorosa saludable que pueda durar mucho tiempo, tu mente gravita alrededor de tu ex e intenta atraerte a ella. Este mecanismo está encima de la mesa todo el tiempo, pero es particularmente virulento en los momentos en los que algo te va mal.

¿Sabes cuando te haces una herida profunda que tienen que coserte en el hospital? En función de la gravedad de la misma, te la coserán y te darán instrucciones para que intentes llevar una vida tranquila, sin demasiada agitación, y así la carne se pueda ir regenerando y se recupere completamente. Durante todo ese tiempo tendrás que tener cuidado con todos tus movimientos porque un mal paso y, por supuesto, cualquier traumatismo podrían abrir la herida de vuelta.

Con este mecanismo del «echar de menos» pasa lo mismo. En cuanto te pase cualquier inconveniencia, desde lo más ligero hasta lo más grave, te acordarás de tu ex y de cómo ella solía cuidar de ti y ayudarte con los distintos problemas que pudieras tener. La herida se abrirá y sentirás un aguijonazo de dolor, recordándote «lo bien que estuvieras con ella».

Ni siquiera hace falta que tu ex fuera la mujer del año, ni que te apoyara tampoco muchísimo. Con que estuviera ahí es suficiente para que tu subconsciente mitifique el tiempo que estuvisteis juntos, y cómo el hecho de estar con ella te hacía sentir más tranquilo en general. Es normal que ahora que no estás con ella te puedas sentir solo, pero es importante que no te dejes llevar por espejismos temporales que te pueden llevar a tomar decisiones terribles para ti mismo y para los que te rodean.

2. El masoquismo

Sí, has leído bien. En unos es más sutil y en otros es más directo, pero todos tenemos un punto masoquista que nos lleva a hacer cosas que de otra manera no tendrían sentido.

Para explicar este punto, es fundamental entender que el masoquismo no consiste en recibir dolor de forma indiscriminada, sino un dolor estimulante que sí podemos llegar a disfrutar, y no de manera necesariamente sexual.

Uno de los ejemplos de este masoquismo es el drama en las narrativas. Además de suponer un género completo dentro de las artes audiovisuales, también constituye un elemento que se puede introducir dentro de otros géneros que en un principio serían ajenos a piezas tristes/dramáticas. Así, no hace falta tragarte un dramón para disfrutar de componentes dramáticos dentro de una película de acción o de una comedia.

El drama introduce elementos tristes en las narrativas, de forma que son disfrutables no a pesar de su tristeza, sino de forma intrínseca debido a esa tristeza. A la gente le gusta sentir, y los sentimientos negativos son siempre más poderosos que los positivos; así que, aunque sobre el papel parezca contradictorio exponer a la audiencia a sentimientos negativos, a la hora de la verdad, funciona. Así que, sí, todos somos masoquistas, en mayor o menor medida.

Los sentimientos intensos aportan vidilla a la vida, y volver con una ex es una de las aventuras más intensas que podrías experimentar, sobre todo a una edad en la que ya no es tan fácil vivir aventuras, por todas las responsabilidades y complejidades que tenemos que soportar. En el propio proceso de volver se trenzan la alegría y el dolor, la pena y la pasión, formando un cuadro complejo que te atrae, aunque no te atrevas a reconocerlo.

Este es uno de los motivos fundamentales por los que es importante volver al mercado. No necesariamente para que conozcas de nuevo a la mujer de tus sueños (después de una ruptura lo suficientemente complicada, no tendrás ganas precisamente de comprometerte con nadie), sino para que tengas tu ración de picante suficiente como para que no mires con ojos demasiado golosos la idea de volver con tu ex.

Y precisamente este es uno de los motivos por los que te recomiendo que te centres en ti mismo y en tus propios proyectos al margen de tus relaciones. Porque, igual que en la cocina las especias son especialmente importantes cuando la materia prima no es la mejor, los dramitas emocionales llenan un vacío importante solo cuando tu vida no tiene el suficiente sentido por sí misma.

Una de las mejores maneras de asegurarte de que no vas a volver con tu ex de forma compulsiva es cerciorándote de que tu vida es lo suficientemente significativa e intensa, independientemente de las mujeres que intervengan en ella. Esto no solo supondrá un buen seguro en contra de esta eventualidad, sino que además te permitirá elegir a tu siguiente pareja no en virtud de la intensidad que va a aportar a tu vida (que muchas veces se mide en función del nivel de drama), sino de lo positivo que va a ser su aporte en ti; lo cual, si has estado prestando atención, sabrás que es lo más importante.

Ella podría intentarlo

Dicen que el que se va sin ser echado vuelve sin ser llamado. Y tienen razón.

¿Sabes? Es muy diferente dejar a ser dejado. Cuando eres tú el que toma la decisión de romper el matrimonio, el orgullo de tu ex forma una gran coraza que le impide volver contigo. Ser dejado, al fin y al cabo, suele suponer una humillación para cualquiera, y nadie quiere que le den la colleja dos veces.

Ah, pero cuando te deja ella…

Te voy a decir algo, y seguramente seré censurado por ello, pero, como siempre, me toca decir la verdad, que no siempre es algo bonito: cuando ellas rompen el matrimonio, es porque ya hay alguien o porque pronto lo habrá.

Aquí tú puedes decir: «Arturo, es una gran generalización lo que estás haciendo aquí. ¿Cómo puedes decir esto?». Y yo te respondo: pues muy fácil, porque veo divorcios todos los días, y esto es lo que hay.

La mayoría de los casos de divorcio que llevamos en el gabinete son precisamente casos en los que es ella la que ha elegido la ruptura. Y puedo decirte que en un número absurdamente elevado de ellos (aproximadamente, el 90 %) eligen ese camino porque ya tenían un *affaire* con alguien, o quizá no habían llegado a tenerlo, pero ese alguien las esperaba al otro lado. ¿Y por qué será esto?

No me malinterpretes: las mujeres no son necesariamente más tendentes a la infidelidad que los hombres. A lo que sí son tendentes es a hacer el duelo durante la relación.

«Arturo, ¿qué coño significa eso?». Ahora llegamos, impaciente.

El duelo es el proceso por el que superas una pérdida; un concepto psicológico que se suele aplicar tanto a los fallecimientos como a las rupturas. El caso es que, refiriéndonos a las separaciones, hay dos maneras de hacer el duelo: después de la relación y durante la propia relación. Esta es la evolución esperada para cada tipo de duelo:

1. Duelo tras la relación

Empiezas a hacer el duelo por la relación y a mentalizarte de la pérdida después de que esta haya sucedido en el tiempo. Este tipo de duelo se puede dar o bien porque tú estabas luchando la relación hasta que te diste cuenta de que eso no podía continuar y, por lo tanto, se produjo la ruptura, o sencillamente porque no te diste cuenta de lo que estaba pasando hasta que era demasiado tarde.

Esta manera de hacer el duelo, aunque pueden utilizarla tanto hombres como mujeres, es más común en hombres por varios motivos. El primero es biológico, y es que, por lo general, los hombres no tienen una fluidez emocional tan marcada como las mujeres ni, por lo tanto, tienen tanta capacidad perceptiva para las señales sutiles que indican el final de la relación. ¿No te ha pasado nunca que una chica se te haya quejado de que no pillabas las indirectas cuando ella estaba intentando ligar contigo? Pues el principio es el mismo. Como no te enteras de lo que está a punto de venir, no puedes mentalizarte de ello y, por lo tanto, el duelo por la relación empieza necesariamente cuando ya tienes el problema encima de la mesa.

El segundo motivo es algo más sociológico, incluso más controvertido si me apuras, pero no por ello menos cierto. Si eres hombre, sabrás a lo que me refiero.

A los hombres se nos enseña, desde pequeños, a luchar por lo que queremos. Cuando hay una puerta cerrada, debes insistir y, cuando hay un obstáculo, debes luchar para saltarlo. Al ser el mundo de los hombres tan competitivo, la perseverancia en la lucha es una habilidad socialmente muy valorada y que a todos los hombres se nos inculca. Esta perseverancia muchas veces se aplica también al mundo de las relaciones, que funciona mediante unas reglas algo diferentes al mundo del trabajo y del dinero. A las mujeres también se les enseña a luchar por lo que quieren, por supuesto, pero no de una forma tan encarnizada como a los hombres, porque no se espera de ellas que compitan de una manera tan voraz por los recursos.

Esto es lo que hace que muchas veces, como hombre, te empecines en que una relación funcione, ignorando todas las señales de que no puede salir adelante. Te entregas a esa lucha en cuerpo y alma, y la mayoría de las veces no te das cuenta de que la victoria resulta imposible hasta que es demasiado tarde.

2. Duelo durante la relación

El duelo durante la relación se produce cuando, por el motivo que sea, tú estás mentalizándote de que esa relación va a terminar, preparándote para el impacto, antes de que suceda. Este tipo de duelo puede desarrollarse desde varios días antes de la ruptura hasta, muchas veces, semanas o incluso meses, y es, como comentábamos, más frecuente en mujeres que en hombres. Esta casuística psicológica se da así, principalmente, por dos motivos.

En primer lugar, tenemos mayor disponibilidad erótico-afectiva en el mercado para mujeres que para hombres. Hablando claro, esto significa que, como ya hemos comentado en alguna otra ocasión, las mujeres lo tienen bastante más fácil que los hombres para ligar, ya sea para encuentros esporádicos o para algo de un recorrido mayor.

Muchas veces, incluso ya tenían a varios detrás que estaban esperando el pistoletazo de salida para intentar algo con ellas, por lo que tu ex sabe perfectamente, de una forma más intuitiva o más literal, que puede sufrir, pero que conseguir otra pareja no le va a costar tanto. Y eso es lo que hace que valoren seriamente desde mucho antes las posibilidades de tener encuentros con otras personas, incluso desde dentro de la propia pareja.

El segundo motivo es más importante, pero menos evidente, y tiene que ver con las necesidades de los hombres y de las mujeres dentro de la relación. Recordarás que uno de los aspectos que la mujer busca en una relación de pareja es, precisamente, la protección, y que, por otra parte, lo que como hombre buscas es distinto, ya que suele tener más que ver con el cariño y la paz mental.

Te voy a hacer ahora mismo una pregunta de hombre a hombre, y espero que respondas con sinceridad: ¿podrías vivir sin cariño por parte de una pareja y sin paz mental? La respuesta es sencilla: no solo puedes, sino que seguramente lo has hecho, a menudo, incluso dentro de la propia pareja. Los hombres no somos buenos comunicando nuestras necesidades emocionales, por eso es habitual que nos comamos nuestros traumas nosotros solos, sin cariño, ni paz mental, ni protección, ni hostias.

Por otra parte, ¿crees que una mujer puede vivir sin protección? Responde con sinceridad.

Sí, por poder, «puede» hacerlo. Pero ¿lo hace? Normalmente, no.

A lo que quiero llegar es a que la mujer está bastante más acostumbrada a ser protegida que el hombre a ser tratado con cariño. Y eso que, por un lado, es una putada de base para los hombres también hace que ellas lo tengan más difícil para vivir solas de verdad (sin aventurillas de por medio). Es precisamente por esto por lo que ellas hacen el duelo durante la relación, en lugar de hacerlo después: para minimizar los tiempos de soledad y, por lo tanto, de no protección.

No me malentiendas: ellas no lo deciden deliberadamente. Simplemente lo hacen, porque es lo que cultural y biológicamente les resulta más sencillo.

Volviendo a lo que comentaba antes, cuando ellas rompen un matrimonio, suele ser porque ya tienen al sustituto pensado. ¿Y qué es lo que pasa cuando rompes una relación para empezar otra? Efectivamente, que sale mal.

Un clavo no saca a otro clavo. O, corrijo, refiriéndonos a una relación verdaderamente seria como un matrimonio: un clavo no saca a otro clavo. Básicamente porque la relación no es «un clavo», sino el equivalente a una enorme maquinaria, compleja, con piezas de muchos tipos que interactúan entre sí de formas imprevisibles.

Y entonces, ¿qué tenemos aquí? Que tu ex se va con el otro y está durante un tiempo *x*, hasta que eso acaba, lo cual suele suceder más pronto que tarde. Y si has estado haciendo tus deberes durante todo este tiempo, superando tu ruptura y encontrando la paz nuevamente, estarás muy pero que muy cambiado. Probablemente incluso en los aspectos que tu ex detestaba de ti. Y entonces es cuando sucede.

Algo que quiero dejar claro es que esto no tendría por qué pasarte a ti, pero podría ocurrir. Y como en los casos en los que he visto esto (que no han sido pocos) esta eventualidad ha resultado bastante chocante y, decididamente, un mazazo para el progreso emocional de mis clientes, prefiero que la contemples de antemano.

Porque, mira, volver no siempre es una mala decisión, pero tú tienes que tener claro, si lo vas a hacer, que lo haces por voluntad propia y de una forma premeditada. Porque, insisto, no tiene por qué ser una mala decisión, pero sí te aseguro que, en el caso de que vuelvas con tu ex, vas a tener que tragar una cantidad de mierda salvaje.

¿Que por qué? ¿Piensas que todos los rencores, las iras y los motivos por los que cortasteis en su momento se desvanecen mágicamente en el aire? Como podrás imaginar, esto no es así: toda basura que no hubierais conseguido manejar previamente a la ruptura te tocará limpiarla y quitarla de en medio en esta ocasión, así que conviene que lo tengas claro antes de tomar ciertas decisiones.

Dicho lo cual, vamos a responder la pregunta del millón de dólares:

¿Tiene sentido volver con ella?

Si me dieran un dólar por cada vez que alguien me ha planteado esta pregunta, ya sea de forma directa o velada, no sé si llegaría a un millón de dólares, pero probablemente tendría muchísimo dinero.

Voy a ser directo: hay muchos motivos por los que una relación se puede romper, y hemos comentado los más importantes en el primer capítulo (que, si aún no has leído, te recomiendo encarecidamente revisar), pero, dentro de todas las posibilidades, hay dos grandes grupos en los que podemos clasificar todas las modalidades de ruptura: las de tipo contingente y las de tipo personal. Antes de que me preguntes qué coño te importa esto, te resuelvo la duda de antemano, y es que, en uno de los dos tipos de ruptura, tiene sentido volver, mientras que, en el otro, no.

1. Rupturas de tipo contingente

Imagínate que conoces a una chica rusa, estupenda. Es guapa, inteligente, apasionada, magnífica. Os enamoráis, y todo es perfecto durante un par de años, en los que hacéis todo tipo de planes de futuro. Y de repente, la llaman del frente para luchar en la guerra contra Ucrania.

Esta es una auténtica putada, ya que, como podrás imaginar, tú no vas a acompañarla. En primer lugar, porque a ti no se te ha perdido nada en la frontera entre Ucrania y Rusia, y, en segundo, porque no tienes muchas ganas de que te instalen una bala entre las cejas. Ella va directamente al frente, así que no sabéis si va a sobrevivir.

Con un enorme dolor en el corazón, rompéis, puesto que no tiene sentido continuar la relación en unas condiciones tan extremas y sin saber si ella sobrevivirá a una guerra que nadie sabe cuánto va a durar. Os separáis finalmente.

Tras cinco largos años, termina la guerra o a ella la liberan de sus deberes bélicos, vuelve a por ti y te pide retomar la relación. Tú, en ese momento, estás soltero y sin compromiso, así que ¿tendría sentido retomar la relación? Efectivamente, se podría valorar.

Las rupturas de tipo contingente son aquellas en las que lo que separa a la pareja es un suceso ajeno a ambos que ninguno de ellos podía prevenir, evitar o arreglar. En este tipo de situaciones, es una especie de fatalidad la que rompe el vínculo, una condición totalmente externa a la que era imposible escapar, y es precisamente por eso por lo que en este tipo de rupturas sí tiene sentido plantearse volver, si ambas partes quieren.

Porque, si ambos se siguen queriendo y la condición externa que les impidió estar juntos ya no existe, ¿por qué no volver a intentarlo?

Pero no te hagas trampas tampoco. La condición para que una ruptura se considere de este tipo es que lo que haya separado a la pareja fuera una eventualidad ajena a ambas partes que no se podía prevenir, evitar o arreglar. Unos cuernos no son una ruptura contingente: se podría haber evitado que sucedieran. Una diferencia importante en estilos de vida que lleva a uno de los miembros de la pareja a vivir en un pueblo perdido de Nueva Zelanda y al otro a la zona financiera de Londres tampoco es una ruptura contingente: son, sencillamente, planes de vida distintos.

La clave para considerar a una ruptura de tipo contingente es que no por el hecho de haber sucedido se pudiera predecir una ruptura similar en el futuro. Si tu ex te pone los cuernos en un momento determinado, podría volver a hacerlo con relativa facilidad. Si tu pareja te dejó para irse a Nueva Zelanda o a Londres, significa que sus planes de vida no solo eran incompatibles contigo, sino también más importantes para ella que tú, por lo que, si los puso a ellos por delante, podría volver a hacerlo en un futuro.

2. Rupturas de tipo personal

Se trata de aquellas de las que hablábamos en el capítulo 1: las rupturas por incompatibilidad intelectual, emocional o sexual. En este tipo de rupturas, lo que separa a ambos es una diferencia insalvable en una o más de las tres áreas generales más *core* de la persona.

Se llaman «rupturas personales» porque el origen de las diferencias que impiden a ambos estar juntos es un aspecto nuclear de la identidad de los dos. Estos aspectos, al ser tan concretos y tan profundos, rara vez se pueden cambiar.

¿Alguna vez has intentado convencer a una persona muy de izquierdas a nivel político de que se pasara a la derecha, o viceversa? Si alguna vez has tenido un debate político con un amigo, te habrás dado cuenta de que no es posible hacer cambiar de opinión a una persona sobre este tema en particular. El motivo de esto es que las tendencias políticas son un tema principalmente filosófico, lo que quiere decir que se asientan en los valores más profundos de una persona, y estos valores, bajo circunstancias normales, no cambian.

La única manera de que una persona cambie algo tan nuclear de su identidad, como sus valores o su forma de querer, es a través de un trauma tan salvaje o de una vivencia personal tan profunda que es imposible que pueda hacerlo ni siquiera queriendo. En el ejemplo anterior sobre la política, un tipo muy de izquierdas tal vez podría pasarse a la derecha, muy paulatinamente, después de, por ejemplo, crear un negocio y ver la parte oscura de los impuestos. Su posición en el mundo cambiaría de forma profunda y empezaría tal vez a valorar posiciones más conservadoras en lo económico a la luz de su nueva vida. Poco a poco y, por ejemplo, a través de los nuevos lazos que desarrollase en esta vida de empresario, iría mimetizándose con su entorno hasta desarrollar una mentalidad conservadora en el resto de aspectos, y la transformación se habría realizado plenamente.

Como tal vez te hayas dado cuenta, este supuesto tiene varios problemas; por ejemplo, no todos los empresarios desarrollan una mentalidad necesariamente conservadora y, por otro lado, es posible que una persona tenga unas creencias grabadas tan a fuego en su mente que este cambio ni siquiera sea factible.

Como ves, cambiar estos aspectos profundos de tu identidad no solo es verdaderamente muy difícil, sino que, precisamente por ser un cambio que requiere de unas condiciones ambientales muy específicas, ni siquiera está en tu mano, con lo que es virtualmente imposible que puedas cambiar ninguno de los aspectos que ha provocado a nivel profundo tu separación con tu ex.

Además, antes de seguir por este camino, deberíamos pararnos a pensar en algo: ¿por qué querrías forzarte a ser alguien que no eres? ¿Qué pasa, es que acaso tú no mereces ser amado tal y como eres?

Una vez, traté a un hombre joven que no se había separado de su mujer, pero que estaba a un paso de hacerlo, uno muy pequeño. Él era un hombre gentil en todos los sentidos: tranquilo, cariñoso, benevolente y, principalmente, dialogante. El problema es que a su mujer le gustaban los hombres rudos. Ella quería, literalmente, un hombre que la abofeteara en la cama, la tomase sexualmente por sorpresa e hiciera con ella lo que quisiera. *Spoiler*, mi cliente no era así, y por eso sufría. Porque, por un lado, quería ser «el hombre correcto» para su mujer, pero él tampoco podía ser de una forma distinta a quien era, y convertirse en un hombre egoísta o violento ni siquiera era una opción para él. Así que se debatía en una eterna contradicción entre la persona que él realmente era y la que su mujer quería que fuera, y así continuó hasta que la contradicción terminó rompiendo el matrimonio en forma de infidelidades, primero de ella y, finalmente, de él.

Quien no entienda puede pensar que la relación se rompió porque se pusieron los cuernos el uno al otro. Quien sí lo haga sabrá que el matrimonio, directamente, no podía funcionar, pues él no era quien ella quería, y viceversa; por lo tanto, el divorcio no era más que una simple cuestión de tiempo.

Es posible que en este mismo momento haya una pregunta rondando tu cabeza: ¿y qué pasa con las terapias de pareja? La gente va al psicólogo también para salvar sus relaciones, ¿no?

Efectivamente, la gente va a terapia de pareja. Y, en ocasiones, funciona. Pero no siempre. De hecho, la mayoría de las veces la terapia de pareja lo único que hace es echar sal a la herida. ¿Que por qué? Porque la terapia de pareja no sirve para lo que la gente cree que sirve.

Mira, la terapia de pareja tiene una cantidad brutal de limitaciones. Para empezar, la terapia al uso la imparte un profesional que se tiene que encargar de atender a la pareja a la vez. Como psicólogo, te diré que ya es difícil estar atento a todas las claves contextuales que una persona sola te aporta a lo largo de una sesión de terapia como para, encima, estar pendiente del lenguaje verbal y no verbal de dos personas a la vez.

Es totalmente inviable, y más teniendo en cuenta que el sexo del terapeuta altera el resultado de la propia terapia. Clientes masculinos conectan mejor con terapeutas masculinos, mientras que las clientas femeninas lo hacen con las terapeutas, lo cual termina convirtiendo a menudo la terapia de pareja en una especie de batalla campal más o menos directa.

En el mejor de los casos, y aunque el terapeuta fuera capaz de controlar absolutamente todos los sesgos basados en el sexo, la terapia de pareja sería un simple arbitraje entre dos personas que giran alrededor de un mismo problema. Por eso, cuando en el gabinete hemos impartido terapia de pareja (no es lo más habitual, pero ocasionalmente también lo hacemos), siempre se aporta un terapeuta masculino y una terapeuta femenina a la vez.

Y por último, y todavía más importante, la terapia de pareja sirve, únicamente, para pulir desviaciones pequeñas en la pareja y conflictos superficiales.

A lo que quiero llegar es a que la terapia de pareja es como desinfectar una herida y coserla, pero no consiste en llevar a cabo una cirugía que te permita volver a implantarte un miembro amputado. La terapia de pareja ayuda a resolver el sufrimiento dentro de la pareja y a mejorar sus patrones, pero no arregla algo que esté ya roto en su base.

Así que, antes de plantearte volver con ella, recuerda analizar si tiene sentido o no, en función del tipo de ruptura, dar el paso.

Volver tras mucho tiempo separados

En nuestro imaginario colectivo existe un concepto que nos fascina dentro del propio campo de las parejas y las rupturas, y es el hecho de volver con una expareja después de mucho tiempo separados, una vez que ambos sois más sabios y entendéis mejor cómo funciona la vida.

Si prestas atención, encontrarás que una cantidad asombrosa de todas las películas o series románticas que existen utilizan este giro argumental para aportar dramatismo y supuesto romanticismo a su trama: los protagonistas pasan todo tipo de penurias y les acaba resultando imposible tener una relación juntos, hasta que se reencuentran después de cinco años, diez o los que sean, y ya entonces vuelven a tener una relación.

La existencia de esta narrativa en sí no es un problema, es emocionante, aporta interés a los dramas románticos, y a todos nos gusta ser testigos de una buena reconciliación. El problema es que las personas tendemos a llevarnos los argumentos de las películas a la vida real, con todo lo que esto supone.

Más hombres de los que crees confían en reencontrarse, algún día, con su ex. Quizá tú seas uno de ellos. Quiero que sepas que, en teoría, esto no tendría por qué suponer un problema, ya que, hasta que sucediera ese reencuentro en el futuro de medio a largo plazo, tú podrías hacer tu vida, irte con las mujeres que quieras y, literalmente, hacer lo que te dé la gana, pero la realidad es que esto no funciona así. La gente que piensa así imagina que te puedes guardar a tu ex en algún rincón recóndito de tu interior y volver a ella cuando estés listo, o cuando ella esté lista. Pero no.

Guardar a la ex en un cajón tiene precio, y es uno muy específico: no poder volver a enamorarte. ¿Por qué? Porque uno de los componentes principales del amor es la exclusividad: que, por mucho que pueda haber más personas que también sean importantes para ti o te puedan parecer atractivas, solo puedes estar enamorado de esa persona.

Si has estado prestando atención, rápidamente te darás cuenta del problema: si solo puedes estar enamorado de una persona a la vez, el precio de «acordarte» de tu ex y esperar volver con ella algún día sería, precisamente, no volver nunca a sentir nada por nadie más. Si te tomas la ruptura como debes, tarde o temprano volverás a enamorarte de otra persona, lo que hará bastante improbable el hecho de que vuelvas a reengancharte con el paso de los años con esa ex del pasado.

Por si fuera poco, hay otra cuestión. El amor por las personas con las que nos enlazamos tiene sentido en su propio contexto, en su espacio y en su tiempo. Tú te enamoraste de tu exmujer hace cinco, diez o quince años, cuando tanto ella como tú erais de una forma de la que, sencillamente, ya no sois. Os enamorasteis porque ambos cubríais vuestras necesidades de forma más o menos complementaria, y esa relación tenía sentido. Y ese es precisamente uno de los problemas de volver con una expareja.

Volver con una persona es, literalmente, como empezar una relación con alguien totalmente diferente que es, físicamente hablando, igual que tu ex. Parece ella, pero lo cierto es que no lo es. Después de la ruptura y, sobre todo, según va pasando el tiempo, cambiamos para adaptarnos, primero a dicha ruptura y después al resto de sucesos que nos ocurren en nuestra vida.

Pensamos que volver con una ex es una garantía de que al menos la persona nos va a gustar o vamos a sentirnos cómodos dentro de las dinámicas que nos va a ofrecer, ya que son las mismas que hemos vivido durante tanto tiempo, pero la realidad es que eso no es así. Tanto ella como tú sois distintos a las personas que se enamoraron hace tanto tiempo. Ni sois los mismos ni necesitáis lo mismo, porque uno de los requisitos fundamentales para que os volvierais a enamorar, que es que precisamente fuerais complementarios en el cumplimiento de vuestras respectivas necesidades, es complicadísimo que se cumpla.

Para que te hagas una idea: el cumplimiento de esta condición (que, recordemos, es necesaria, pero no suficiente para que la relación funcione) requiere que ambos, tras la ruptura, os desarrollarais en caminos totalmente paralelos y que hubierais seguido por ese mismo camino hasta que os volvierais a encontrar. Esto ya es lo bastante complicado por sí solo, pero, si has estado prestando atención, te habrás dado cuenta de que las probabilidades de que esto pase sin que tú te vuelvas a enamorar de ninguna otra persona durante el camino son, sencillamente, mínimas.

En definitiva, hay algo que siempre tienes que recordar, y es que del pasado no se vive. El momento en el que dejas de pensar definitivamente en volver con tu ex es cuando te das cuenta, de una vez por todas, de que podrías perfectamente volver con ella, pero sería absurdo. Porque ni vas a ser más feliz por volver con ella, ni vas a encontrar nada que no encontrarías en otra mujer.

Que el pasado se quede donde debe: atrás, mientras nosotros le abrimos las puertas a un futuro radiante y dorado.

Epílogo

Ahora te estarás preguntando qué coño tienes que hacer. Normal. Es el problema de los libros, que no puedes hablar con ellos. El autor te suelta su película y tú te apañas tratando de entender lo que te ha querido decir e imaginando por dónde se supone que tienes que empezar. Pero ya te dije que este no es un libro de autoayuda al uso.

Yo estoy a tu disposición, en el mágico mundo de internet. Búscame y contáctame. Pregúntame. Dime: «Arturo, he leído tu libro y no entiendo una mierda», si es necesario, lo que haga falta, pues siempre voy a estar al otro lado. Porque esta es mi vida.

Hubo un momento en el que decidí que me dedicaría a esto para ayudar a todos los hombres que pudiera a sanar el terrible dolor del divorcio, el mismo dolor que sacudió e hizo arder a mi familia hasta los cimientos. Porque, si hubiéramos tenido a nuestra disposición a alguien que hiciera lo que hago, tal vez las cosas hubieran sido distintas. Y aunque ya es tarde para plantearnos eso, estoy a tiempo de adoptar yo esa figura y hacer mi parte.

Esto es todo, y lo que hagas a continuación depende enteramente de ti. Confío en que será lo correcto.